下流老人

即使月薪五萬，
我們仍將又老又窮又孤獨

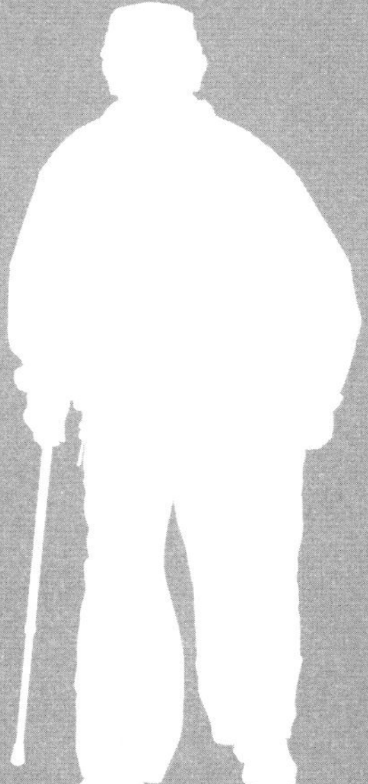

藤田孝典 著
吳怡文 譯

前言

我希望正在閱讀本書的讀者知道一件事。

日本出現了大量的「下流老人」（即貧窮老人）。這種下流老人的存在，對日本社會帶來了無法估算的衝擊。

下流老人，顧名思義，是為了說明無法安逸度日，被迫過著「下流」（中下階層）生活的老人，所創造出的詞彙。

日本之所以會出現這個詞彙，就是因為不只是現在的高齡者，在不久的將來即將步入晚年的人們，生活也可能陷入困頓。現在的日本有可能出現堪稱「總計一億人的老後崩壞」的狀況。希望大家理解，下流老人這個字眼並沒有瞧不起或歧視高齡者的意思，而是為了如實表達日本社會的現況所創造的詞彙。使用下流老人這個名詞的目的在於說明高齡者的貧窮生活，以及潛藏在其背後的問題。

在本書出版之前，二〇一四年在NHK Special節目中，便播放了以「老後破產」為主題的內容。節目中報導了部分過著窮困生活高齡者的現狀，引起了廣大迴響，不過，並沒有討論到造成這個現象的社會背景和雇用、社會福利等問題。觀眾雖然了解了部分問題，卻無法掌握整體樣貌。

之後，報紙和週刊也相繼針對高齡者的窮困現象進行報導。可惜並沒有出現囊括整體且容易理解的文獻。且就是因為很多報導都只擷取部分現象，反而更加深了民眾對老後生活的不安。

日本高齡者的貧富差距和貧窮問題，比各家媒體報導的還要嚴重，可以預見往後這些問題一定會變得更加普遍。這不是輕微的威脅或警告，事實上，這種與大眾切身相關的「高齡者的貧窮＝下流化」（中下階層化）現象已經展開，而且，可能發生在任何人身上。

即使是領取薪資接近平均值的上班族和所謂的白領階級勞工，都不能倖免於難。細節之後會在書中詳述，但我想先告訴各位，就算工作時的平均年收入達到四百萬日圓（約一百萬台幣）左右[1]，也就是說，可以領到一般收入的人，在高齡期還是很有可能出現淪為下流老人的危機。

根據推測，現在過著一般生活的人，退休之後便無法過著普通生活，也就是說，會淪落至下流生活。

許多人或許都希望，老後也可以像之前一樣安心生活。但是，極有可能無法如願。

那麼，所謂下流老人，具體來說指的是誰、又是哪一種狀態呢？

註1：此書出版的二〇一五年，日本人的平均年收入約為四百一十四萬日圓。

細節請容後述。本書將下流老人定義為「**過著以及有可能過著相當於『生活保護』**[2]**基準之生活的高齡者**」。請各位以這個定義為基礎，再閱讀詳細內容和下流老人的類型。

下流老人現在依然四處可見。一天只能吃一頓飯，到超市時，只拿著廉價小菜到收銀檯排隊的老人；因為生活太過困苦而順手牽羊，被店員或警察斥責的老人；因為付不出醫藥費，無法就醫治療疾病，故而在家服用成藥，藉以抑制各種疼痛的老人；還有，無人照顧，一個人孤獨邁向死亡的老人……

這些高齡者的現況只是下流老人的冰山一角。而且，很讓人驚訝的是，並沒有太多人知道它的實際狀態和背景。也或許是因為太恐怖了，所以大家下意識地移開視線。

我這十二年來，一直以埼玉縣為中心進行NPO法人活動，援助包括下流老人在內的生活窮困者，並在這個過程中，看到許多生活窮困者的慘狀。這次，我根據這些實際經驗，更深一層地探究讓許多人感到不安的「老後貧窮」。如果可以了解實際狀態，知道些許對策，對自己的老後生活應該就能有所因應。

因此，在這本書中，除了日本目前估計應有六百到七百萬名的下流老人實際狀態，以及其社會背景和未來預測，我也提出了針對貧窮的自我保護策略，請大家將它們運用在自己的老後生活和往後生活的對策中，在思考淪落為下流老人時該怎麼辦，或者淪落之前可以做些什麼來預防的同時，面對現實地閱讀。

關於本書的結構，第一章是**何謂下流老人、大家擔心的問題是什麼**，我根據各式各樣的統計資料和受諮詢者的實例，提出問題。

第二章，**下流老人的日常生活**是什麼樣的情景，我根據四個實際案例，探究淪落

註2：生活保護是日本政府根據《生活保護法》的規定，對經濟有困難的國民，由政府提供補助，保障國民能享有最低經濟與文化生活水準的一種社會福利制度。可領取的金額根據地區別、家庭人口組成、項目別，而有所不同。此一「生活保護基準」類似台灣的「中低收入戶標準」。

為下流老人的生活和原因。特別是尚未退休，還在工作期間時的生活還能達到一般水準的人，為什麼會淪落為下流老人，本書將帶大家聆聽他們的真實心聲。

第三章則根據許多諮詢實例，提出淪落為下流老人的**代表性模式**。變成下流老人的人有許多共通點，本書將這些危險因子加以模式化，並且進行分析，藉此尋找思考預防策略和解決策略的線索。

第四章講述製造出下流老人，並且將其棄之不顧的社會大眾的**意識和情感**，把焦點放在內心層面。要輕忽或重視下流老人的問題，全看我們的心態。本書將檢討為什麼過去這個問題在我們的意識或輿論中，很難被視為應該解決的重要問題。

第五章將以孕育出下流老人的**社會體系和社會福利制度的機能不完備**為核心，來進行探討。將下流老人棄之不顧的制度面問題是什麼？應該改變什麼？這是和第七章的解決策略有所連結的內容。

在第六章，我想思考的是，為了不變成下流老人，**個人應該做的事、該思考的事，以及該準備的事**。在許多人都淪落為下流老人的高風險社會，我們應該如何對抗貧窮，本章將提出具體方法。

最後，在第七章，我將以過去做的諮詢，以及在援助過程中得到的經驗為基礎，**針對制度和政策提出個人的建言**。雖然充其量只是個人的意見，但期待可以拋磚引玉，讓讀者繼續針對這個問題進行討論。

透過本書，可以更清楚看到下流老人的整體樣貌和高齡者的貧窮問題，我希望可以和所有將來一定會成為高齡者的眾多讀者，一起尋找解決策略。如果各位能讀完本書，我將感到莫大榮幸。

目次

第三章 所有人都可能變成下流老人——087

——從「普通」轉變為「貧窮」的典型模式——

現狀篇

不久的未來篇

第四章 被「努力論」、「責任在己論」謀殺的那一天

第五章

第六章 可以自己打造的自我防衛政策——如何才能迎接平穩安泰的老後生活——203

第七章 如何預防總計一億人的老後崩壞——227

結語——249

第一章

何謂下流老人

究竟何謂下流老人

我在埼玉縣埼玉市，經營以援助生活窮困者為目的的ＮＰＯ法人團體。ＮＰＯ每天都會聽到因貧窮而受苦的高齡者發出哀號，我們雖然會持續協助他們接受必要的服務和社會福利制度，但是，最近「下流老人」的問題已經明顯浮上檯面。

請試著想像一下。

早上，在微亮的天色中醒來。從窗簾縫隙灑進的陽光映照著充滿灰塵、衣服和傳單四處散落的三坪大房間。身體感覺相當沉重，無法隨意移動。花了十五分鐘，好不容易從滿布斑點的污穢棉被中起身，洗了把臉。從鍋裡裝了一些昨天的剩飯來吃，還吞了許多藥。因為有痼疾，所以一定要吃藥。但是，藥錢很貴，沒辦法經常上醫院，所以，把拿到的藥分成一半來吃。

吃完早飯、換好衣服之後，走向位在自家附近的公園，在那裡的長椅上度過一天。年輕學生和帶著孩子的一家人經過眼前，沒人跟他說話。沒有孩子，配偶在幾年前去世了，和親戚也沒有聯絡，甚至不知道對方現在在哪裡。

傍晚回到家裡，以預先買好的廉價米和一道便宜的小菜打發晚餐。若偶爾奢侈一點，大概也就是吃同為廉價商品的切壞的水果盤。為了省電不開電燈，只有電視的光亮。上個月，存款開始低於二十萬日圓[1]，雖然有年金可拿，但並不夠用。再這樣繼續下去，只要幾個月存款就會全部用光，不知道以後該怎麼辦。

晚上九點，早早就鑽進棉被裡。安靜的房間中只有時鐘秒針發出的聲響。心裡偶爾會想：「快來接我吧。」然後，再度入眠。

這並非虛構的故事。事實上，真的有高齡者過著這樣的生活。

註1：此書出版的二〇一五年當時，日本勞工月平均薪資約為三十四萬六千日圓（含加班費、獎金），二十萬日圓的存款，不足一般人一個月的平均薪資。

比方說，在炎熱的夏日，因為不想花太多電費而不開冷氣，結果在室內中暑的人。沒有可以依賴的家人或朋友，一整天什麼事都沒做，一整年都是獨自看著電視的人。只能吃泡麵或雞蛋拌飯這種簡單的食物，沒辦法正常吃三餐的人。住在屋齡四十年的破爛房屋中，沒辦法修補房子，因為從縫隙中吹進的風及害蟲、疾病而受苦的人。雖然身有痼疾，但因為付不出醫藥費，所以忍著痛苦在自家休養的人。因為太過孤獨，所以帶著少許金錢，成天泡在遊艇競賽場或自行車競速場的人。付不出房租，不得不在附近公園中生活的人。在便利商店偷了三個便當，一邊哭訴肚子餓，一邊拜託人家讓他入獄服刑的人……

在知道實際的現況之前，我一直以為所謂高齡期，應該是過去的種種努力終於得到回報的時期。因為家人和朋友等許多關係而得到照顧，將人生剩餘的歲月都花在旅行和興趣上，在富裕和溫暖中邁向人生的終點……

但是，我不得不說，這樣的印象和現實有著極大的落差。

正因為如此，我希望盡量讓多一點人知道下流老人的問題。如果置之不理，社會將無法持續運行。我相信下流老人就是一個這麼重大的「社會問題」。

那麼，究竟何謂下流老人呢？

我將下流老人定義為「過著及有可能過著相當於生活保護基準生活的高齡者[2]」

簡單來說，就是**難以過著國家訂定的「最低限度的健康且有文化生活」的高齡者。**

具體來說，何種生活水準的人會被稱為下流老人呢？

為了讓大家更容易想像，首先，我就來試著陳述符合該指標的實際樣貌。

下流老人的具體指標

進行大量生活諮詢的同時，我發現下流老人有以下三個特點：

註2：最低生活保護基準參見本書第11頁，附註2。

1. 收入極低

首先，下流老人的特徵就是家庭收入非常低，而且那份收入無法維持一般的生活。那種生活水準大概等同生活保護基準水平，或是比生活保護水平更差的狀況。

這裡所說的「生活保護水平」，指的是政府提供「生活補助費」和「住宅補助費」的合計金額。生活保護費會因為地方政府和家庭成員的狀況和程度，而在支付額上有所差異。如果是住在首都圈的獨居高齡者，生活補助費和住宅補助費兩者合計的金額一個月約為十三萬日圓[3]，一年共計約一百五十萬日圓。如果是兩人同居或三人同居，金額就會再增加。

生活保護制度也會以醫療和看護等必要服務作為醫療補助費或看護補助費來進行支付。生活中需要的基本服務，全由國家以實際物品來支付，所得稅和居民稅等稅金也可以獲得減免。因此，若將這些實際物品給付和扣除額等換算成實際收入，支付金額會比帳面金額還要高。

以上是日本政府提供生活保護的大概狀況。這個生活保護基準也可說是「國家最低標準」（national minimum）。所謂國家最低標準指的是「**國家所規定國民要過著健康且有文化的最低標準生活所需之費用及生活水準」。在日本憲法中也有規定，這堪稱是訂定國民生活「最底限」的重要指標。**

簡而言之，如果包括年金（退休金）[4]**等收入和這個標準屬於同一個水平，就和**

註3：根據日本總務省統計局的日本住宅・土地統計調查（二〇一三年），東京首都圈內的平均租金為七萬七千一百七十四日圓，一坪平均一萬零三十六日圓。十三萬的生活保護費扣除房租，生活費約餘下五萬日圓。

註4：日本的年金分為三層，第一層稱為基礎年金（又稱國民年金），法律規定二十歲以上、六十歲以下的所有國民都有義務要加入，保費由國庫補貼二分之一，二〇一五年時保費月繳約為一萬五千日圓，加入基礎年金者六十五歲以後平均每個月約可領五萬五千日圓。第二層則是厚生年金及共濟年金。厚生年金是針對一般企業上班族設立的年金，保費由企業主與員工各分攤一半；共濟年金則是針對公務人員及私校職員等而設的年金。第三層是年資加給，年金請領人若另有六十五歲以下的配偶或十八歲以下之子女，或二十歲以下之殘障子女，可以領取加給年金。按照日本的年金制度，一名上班族，在退休之後，可以領得國民年金及厚生年金兩筆年金。

透過生活保護所領取到的收入差不多，也就是說，是「需要保護的水平」。或者也可以說，如果帳面上的年金等收入，和生活保護標準屬於同一個水平，實際的生活就會低於這個水平。

收入極低這一點，是變成下流老人最大的危險因子。

這裡說的收入極低的狀態，是以「相對貧窮率」為標準。

一般來說，所謂「相對貧窮」，指的是與當事人所屬共同體（國家或地區）的大多數人相比，屬於貧窮狀態；而所謂「相對貧窮率」，指的是收入未達統計上中位數[5]一半的人所占的比例。

根據經濟合作暨發展組織（OECD）公布的資料，日本所有家庭中，約有十六．一％（二〇一二年）屬於相對貧窮。

此外，根據二〇一三年日本的國民生活基礎調查，在獨居的狀態下，收入未達二〇一二年的等價可支配所得[6]中位數（兩百四十四萬日圓）的一半（一百二十二萬日圓），便屬於貧窮狀態。若家中有兩名成員則約需一百七十萬日圓，一家有三名成員約兩百一十萬日圓，一家有四名成員，則相當於兩百四十五萬日圓。如果所得在這個標準以下，在日本便會被劃分為「貧窮」。下流老人的所得大概可以上述作為標準。

以這個標準來看，「沒有一般家庭該有的東西」的個案不斷增加。一如前述，無法攝取健康的飲食；無法獲得足夠的醫療和看護；可能連洗衣機或冷氣機也故障了；或者無法處理牆上的破洞；一個月甚至無法在外用餐一次等，無法享有生活中的必要物品和服務。簡單來說，就是被迫過著低於一般生活水平（健康且有文化）的生活。

需要注意的是，高齡者家庭的相對貧窮率[7]比一般家庭來得高。根據日本內閣府的「平成二十二年度男女共同參畫白皮書」（二〇一〇年），六十五歲以上的相對貧窮

註5：中位數是指將數據按大小順序排列起來，形成一個數列，居於數列中間位置的那個數據。

註6：等價可支配所得的計算公式為 $\frac{\text{一家的可支配所得}}{\sqrt{\text{戶內人數}}}$ ＝等價可支配所得。

註7：相對貧窮率意指，所得不滿國民所得中位數一半的人所占的比率。高齡者家庭的相對貧窮率比一般家庭高，意即高齡者比起一般家庭貧窮者較多。

率是二二・〇%，而且，只有高齡男性的家庭是三八・三%，只有高齡女性的家庭則高達五二・三%。也就是說，單身高齡者的相對貧窮率非常高，高齡單身女性有超過半數都過著貧窮的生活。

就像這樣，就算使用廣為人知的相對貧窮率這個指標，處於貧窮狀態的高齡家庭還是比一般家庭來得多。多數人所抱持的「高齡者都是有錢人」這個印象，顯然是錯誤的。

2.沒有足夠的存款

第二個指標是下流老人的存款很少，或者完全沒有。

如果像1.所描述的，收入很少，生活花費就必須仰賴過去的存款。

我們在進行援助時，首先會詢問受諮詢者的存款金額，但是，得到的答案幾乎都是「存款已經用完了」或者「只剩下五十萬日圓」等等，情況非常窘迫。

像這種沒有足夠存款的狀態，不僅很可能無法維持健康且有文化的生活，碰到突發事故、疾病，或者是照護等生活上的難題時，生活就會立刻面臨危機。高齡期經常會出現這種預料之外的支出。

比方說，當罹患腦中風這種重大疾病，必須離開家裡，住到需要付費的老人安養院時，應該需要支付保證金和必要的費用吧。就算沒有罹患這類疾病，如果想去旅行或享受嗜好，過著有文化的快樂生活，也是需要相當的存款。在我們的社會，想度過理想中的老後生活或「一般的餘生」，絕對需要一筆為數不少的存款。

這是很現實的，老後生活相當金額的錢是必要的。

根據二〇一四年日本總務省的「家計調查報告」，若是兩名高齡者一起生活，包括社會保險費等所有費用，一個月的生活費平均是二十七萬日圓。也就是說，到了六十五歲，就算一個月約有二十一萬日圓的年金或其他收入，三百萬日圓的存款大約四年就會全部用完（將不足的六萬日圓×五十個月）。就算有一千萬日圓，也撐不到十四年，最終還是有可能陷入貧窮。

另一方面，根據厚生勞動省的「平成二十五年國民生活基礎調查概況」（二〇

無業高齡夫婦的家庭收支

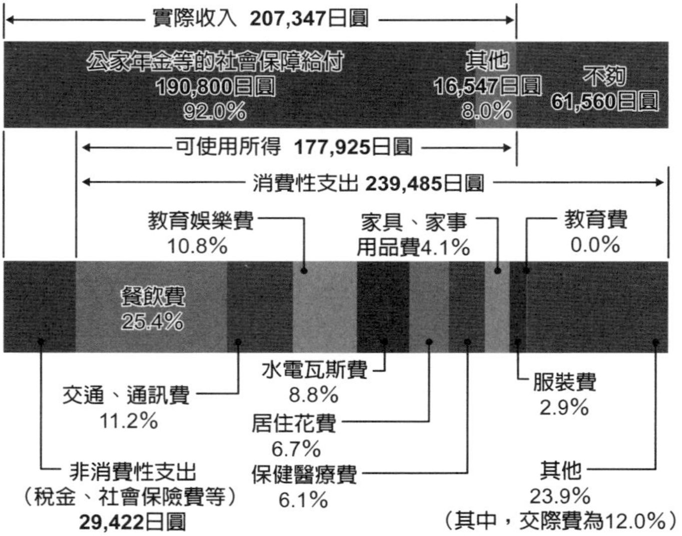

資料來源：日本總務省 「平成 26 年度家計調查報告」（2014 年）

＊所謂無業高齡夫婦家庭，指的是丈夫 65 歲以上，妻子 60 歲以上，家中只有夫婦且沒有工作的家庭。

一三年），高齡者家庭的平均存款金額為一千兩百六十八萬一千日圓。乍看之下，許多高齡者家庭都準備了足夠的存款，但事實上，「沒有存款」的家庭占了十六・八％。再者，有四成以上的家庭，存款金額不到五百萬日圓。因此，雖說是平均，但因為極少數的富裕階級將平均值拉高，所以許多人的實際存款金額其實是更低的（在統計中，提到「平均」時要特別注意。因為，平均只是將合計除以樣本數所得到的數字，假設九十九人的平均存款金額是一千萬日圓，其中只要有一個擁有十億日圓的有錢人，平均就會變成約兩千萬日圓。此外，根據這個調查，存款超過三千萬日圓的高齡者家庭占十一・六％）。

再看看現在還在工作尚未退休的世代吧！根據內閣府的「平成二十六年版高齡社會白皮書」（二〇一四年），認為自己有針對家庭的高齡期進行經濟上準備的人，只占兩成。看了詳細內容之後會發現，「認為足夠」（一・六％）和「認為擁有最低限度的金額」（二一・七％）兩者合計的「有所準備」的人占了二三・三％，「認為有些許不足」（十六・五％）和「認為非常不足」（五〇・四％）兩者合計的「認為不足」的

針對家庭的高齡期所做的經濟準備

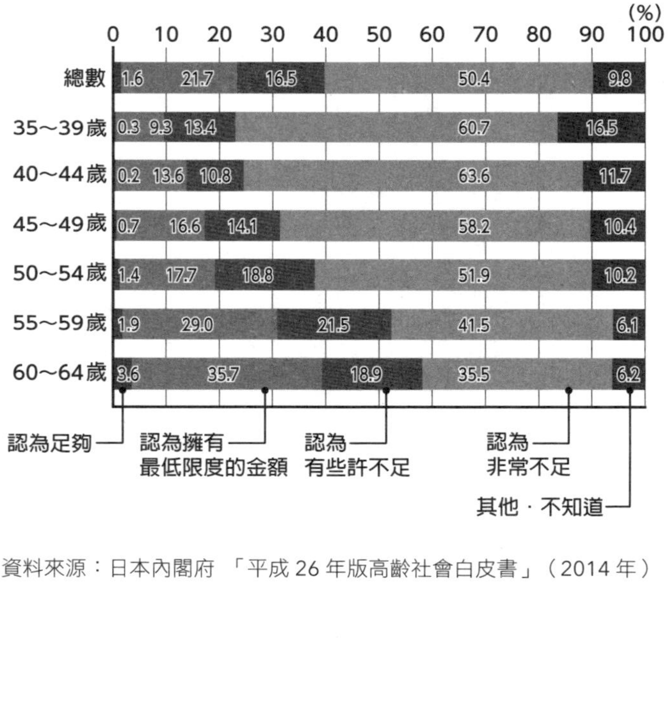

資料來源：日本內閣府 「平成 26 年版高齡社會白皮書」（2014 年）

人，所占比例高達六六．九％。此外，愈是年輕階層，回答「認為不足」的比例就愈高。

在沒有存款就無法度過安穩晚年的社會，這樣的資料應該是一個可怕的事實。如果是工作時間較短的年輕人沒有存款，那還能理解，但回答的人也包含四十歲和五十歲的人。現實狀況是，很快就要步入高齡期的人並沒有足夠的存款。

3.沒有可以依賴的人（社會性孤立）

下流老人的第三個特徵是，遇上難題時沒有可以依賴的人。

請大家試著想像一下理想的高齡生活。可能會認為是在家人的包圍下，和兒子及孫子同住，在日常溝通的同時，也相互支持。就算沒有和兒子或女兒同住，一年之中應該也會有許多交流的機會，互相交換彼此的近況，並且彼此支援、協助。即使沒有這樣的家人，應該也會和鄰居或一起喝茶的夥伴、朋友聊天、交流，度過快樂而充實的時光。

事實上，在下流老人中，很少有高齡者擁有可以這樣輕鬆聊天、討論問題的良好人際關係。許多人都陷入所謂的「人際關係貧窮」，在社會中被孤立。

一如前述，下流老人經常一個人無所事事，一直待在房間裡看電視，一整天都沒有跟任何人說話。接受諮詢的人當中，就有許多人除了「便當需要加熱嗎？」這種和便利商店店員間的對話，就沒有和別人說話的機會。

這樣的社會性孤立會製造出許多危機。

比方說，很多人因為沒有商量的對象，當生活陷入窮困時無法求助，等問題惡化後才被發現。

就在幾天前，一間堆滿垃圾的空屋中發現一名罹患失智症的高齡女性，現在已受到政府單位相關人員的保護。身邊的人甚至不知道她罹患失智症，不認為這名女性需要協助。

如果沒有可以幫助自己的家人，當身體虛弱時，就必須自己煮飯，或者自己處理日常生活中的所有大小事務。如果沒有商量的對象，很容易就會受到轉帳詐騙等犯罪行為的傷害。

此外，如果是有痼疾的高齡者，可能會病倒後沒人發現，因而來不及救治。也有可能在室內跌倒、無法動彈，卻沒人發現，隔幾天被發現時，已經死去。若是發生在夏天，甚至有可能身體腐爛、全身泛黑，已經失去人類原本的模樣。因為遺體會流出腐爛血水，整個房間裡滿滿都是蛆或蒼蠅，瀰漫著腐敗的惡臭味。這樣的個案，只好由遠方親戚或租屋中心的人來料理後事。

當鄰居突然發現「最近都沒看到隔壁的老爺爺」時，很多時候，都已經在房間裡變成木乃伊了。這也就是為什麼，遺物整理和室內清理的服務會成為流行。

就像這樣，許多我們碰到的高齡者，在晚年時都無法過著人類該有的生活。連「就算沒有錢，也想度過快樂、充實的老後生活」這樣的希望也無法實現。

因為這種社會性孤立所產生的問題，近年來愈來愈多。

以前，如果兩個世代同住，由兒子夫妻倆來照顧是理所當然的事。但是現在，因為核心家庭化（即小家庭），獨居的高齡者不斷增加。

根據內閣府「平成二十六年版高齡社會白皮書」（二〇一四年），六十五歲以上獨居高齡者人數，男女都呈現明顯成長，一九八〇年，男性約十九萬人，女性約六十九萬人，但是到了二〇一〇年，男性為一百三十九萬人，女性則增加到三百四十一萬人。在高齡人口中的占比，男性從四・三％增加到十一・一％，女性從十一・二％增加到二〇・三％，照這樣看來，估計往後應該還會急速增加。

另一方面，六十五歲以上的高齡者和子女同住的比例，一九八〇年約為七成，一九九九年占五〇％，二〇一二年占四二・三％，持續大幅漸少。

從現在開始，高齡化現象肯定會更加明顯，特別是一人獨居或是只有夫婦的高齡者家庭，增加的速度會非常快。在往後的社會，當生活出現困難或需要幫助時，身邊沒有家人會變成一件理所當然的事。

一人獨居的高齡者（六十五歲以上的男女）人數

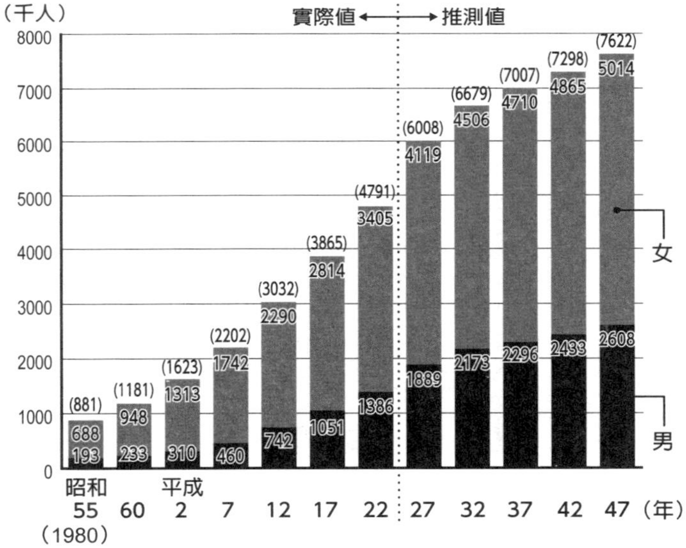

資料來源：日本內閣府 「平成 26 年版高齡社會白皮書」（2014 年）

下流老人的問題在哪裡？

為了讓大家更容易了解下流老人的類型，我將其模式化，整理出三個特徵來說明：「1.收入極低」、「2.沒有足夠的存款」、「3.沒有可以依賴的人（社會性孤立）」。

這三個特徵可以做為判斷是否為下流老人的重要指標。處於這三種狀態的高齡者，可說是很難過著健康且有文化的生活。

下流老人，換句話說便是「失去所有安全網絡的狀態」。就算收入很低，只要有包含父母遺產在內的足夠存款，就不會有問題。而且，就算沒有存款，只要有家人的協助，或者和地區有所連結，就可以在生活中互相扶持。但是，如果這些都沒有……就現狀來說，很難想出有效的方法。

而且，具備這三種下流老人特徵的人之所以會不斷增加，絕大部分是因為現代社會結構出現問題（細節請容後述）。並非「好可憐」或是「對自己的未來感到不安」這麼單純的問題，也不是個人的「責任」或「努力不足」可以解釋的。

如果將下流老人的問題置之不理，不只當事人會因貧窮而感到痛苦，也會讓社會造成巨大損失。

那麼，下流老人的問題會對社會造成什麼樣的負面影響呢？以下我就試著進行分析。

〈負面影響Ｉ〉父母世代和子女世代一同崩垮

首先，當身邊的某人成為下流老人時，他的孩子可能會一起崩垮。當父母的生活陷入困頓，許多子女應該都會想要協助。但是，就算想照顧父母，有可能自己的經濟狀況並不允許。

我以父母那一輩多半都進入高齡期（六十五歲以上）的四十歲出頭者（四十至四十四歲）為例來進行模擬（模擬家庭中包括身為薪資所得者的丈夫一人、身為專職家庭主婦的妻子一人、未滿十八歲的子女一至兩人，共計三至四人）。

首先，四十歲出頭男性上班族的平均薪資大概多少呢？根據日本國稅廳「平成二十五年度民間薪資實態統計調查」（二〇一三年）的「按照年齡區分的平均薪資」，來看，四十至四十四歲男性薪資所得者的平均薪資是五百六十八萬日圓[8]。

我們再來看看支出。根據總務省「家計調查（二〇一四年平均）」的「全國・兩人以上家庭中的勞工家庭」，戶長的年齡是四十至四十四歲，每個家庭一個月的實際支出約為四十一萬日圓（家庭成員三・七五人／未滿十八歲成員一・六五人）。也就是說，一年約有四百九十二萬日圓的支出。因此，簡單算下來，手邊大約應該還有七十六萬日圓[9]。

假設每個月援助父母五萬日圓，一年會再支出六十萬日圓。這樣算下來，子女手邊只剩下十六萬日圓。

當然，這畢竟只是平均模式計算出來的推測值，實際上會隨著子女人數和收入來源等因素，而有些許差異。但是，如果一年只能存數十萬日圓，未來絕稱不上安穩。父母上了年紀之後，還要加上醫療費和看護費，子女或自己也可能罹患重大疾病或遭逢意外。再加上前述的平均薪資只是平均值，如果以更接近實際狀態的中位數來計算，幾乎無法存錢，甚至有可能呈現赤字。

就像這樣，我們可以知道，以現在極為常見的家庭模式來說，扶養必須在經濟上倚賴他人的高齡者，會對子女那一代造成非常大的負擔。而且，不只現在仍在工作者的平均薪資已出現微幅減少的傾向，年收入比正式員工少了數百萬日圓的非正式雇用員工人數，每年也都不斷增加。

在這樣的社會狀態中，以家人扶養為前提的傳統社會福利模式，可說是已經到達極限了。

註8：根據台灣主計處調查，二〇一四年台灣四十五歲到四十九歲上班族的月平均薪資是四萬零四百三十二元，而不分年齡層上班族的月平均薪資是三萬五千九百八十六元。

註9：根據二〇一四年台灣行政院主計處調查，台灣不分年齡層的每戶每年平均收入約為一百一十六萬元（平均每戶三．一五人，未成年子女〇．六人），扣除非消費支出後的可支配所得約為九十六萬元，再扣除消費支出約為七十五萬六千元，剩餘的金額約為二十萬四千元。

〈負面影響Ⅱ〉價值觀的崩解

如果年輕世代因為高齡者的牽連而一起崩垮，社會就很可能陷入「高齡者不受尊敬」，或者「認為老人家太麻煩了，只是包袱」的危險中，特別是貧窮老人，更是容易受到嫌惡。

高齡者是照顧家人，且對社會或經濟發展有所貢獻的人。在大部分的文明社會中，高齡者都應該受到眾人敬重。但是，照這樣下去，高齡者雖然已經充分盡了社會責任卻無法得到尊敬的時代，很快就會到來。

雖然現在社會普遍認為「長壽是一件很棒的事」，但是，如果長壽的人變成社會的包袱，生命的價值本身或許就會受到輕視。

人類不再被視為值得尊敬、有價值的存在。開始有人把人類區分為「死了也無所謂的生命」和「不該死去的生命」，而不管對方是否為下流老人。或許也會有人毫不猶豫地將經濟上無法自立的人，排除在自己的生活之外。

這些事是非常危險的，不只高齡者，甚至連生產能力較低的身心障礙者都會遭到傷害。對接受生活保護或社會保障者的歧視愈來愈深，也可能成為阻礙他們自立的因素。

或許，我們謹慎建立的價值觀，特別是孩提時代被教導的「生命價值」或「生命倫理」，已經從根基開始出現動搖。而且，這也讓社會醞釀出一種會演變成優生思想的危險思考模式。

最近，仇恨言論（hate speech）引起了熱烈討論，不尊重其他國家人民和價值的排外運動也有擴大的趨勢。還有攻擊街友的國、高中生不斷出現，有些青少年甚至覺得攻擊、排擠這些街友是一種英勇的行為，這些都等於是在輕視個人的權利和生命。

這樣的價值觀崩解，會對教育制度和系統造成各種影響。如果大家不再以「健康最重要」和「長壽是一件很棒的事」為目標，應該會招致極大的混亂。下流老人的問題，極有可能成為這些問題的導火線。

〈負面影響Ⅲ〉年輕世代的消費低迷

如果高齡者在社會上無法受到尊重，年輕人對自己的將來或老後，也將不抱任何希望。這麼一來，年輕人必然會開始「儲蓄」，因為他們認為，為了不變成下流老人，就必須有計畫地過生活。

「年輕人拒絕○○」經常成為新聞話題，歸根結柢，這應該是因為對自己未來的生活感到不安。所以年輕人不買汽車或房子，生活相當儉樸，過著禁欲般的生活。在我們周圍，為了「替老後生活準備」而拚命存錢的年輕人不斷增加。

這麼一來，原本應是消費主力的二十歲到五十歲的人，消費欲望持續減退，景氣難以恢復，當然無法形成經濟的良好循環。但即使政府提高消費稅之後，對需要養育子女的世代不斷提供補助和策略性的支援，卻完全不見效果。由此可知，如果不只對現在的生活，對老後生活也感到強烈不安，消費欲望就會降低。

事實上，年輕人並非沒有欲望，他們也很想消費。很多人都很想結婚，也想生兒育女。雖然不管哪個時代都會出現批判年輕人的言論，但這並不是因為年輕人的欲望隨著時代而有大幅轉變，改變的是社會結構。只要不正視原因，就無法找到解決辦法。而看了現實狀況之後，年輕人不得不過著禁欲般的生活。也就是說，當身邊的下流老人愈多，為了保障自己而行動，就變成某種自然的結果。下流老人的問題，可能成為阻礙國家經濟發展的重大因素。

〈負面影響Ⅳ〉加速少子化

下流老人的問題已經成為間接加速少子化的因素之一。現在，結婚生子這件事，甚至已經被視為「危險」。

比方說，生了孩子之後，如果要把他們養育到大學畢業，一個人大約需要一千到兩千五百萬日圓。

事實上，根據日本文部科學省「平成二十四年度子女的學習費調查」（二〇一二年）及日本政策金融公庫「平成二十六年度教育費負擔的實際狀態調查結果」（二〇一四年），從幼稚園到大學畢業這十九年間需要的教育費用，若以花費較少、全部都

每一名子女所需要的教育費

	幼稚園（3年）	小學（6年）	國中（3年）	高中（3年）	大學（4年）
公立（國立）	69萬日圓	184萬日圓	135萬日圓	116萬日圓	511萬日圓
私立	146萬日圓	853萬日圓	389萬日圓	290萬日圓	692萬日圓（文科） 788萬日圓（理科）

全部都念國公立學校的狀況	全部都念私立（大學念理科）學校的狀況
約1015萬日圓	約2466萬日圓

資料來源：「平成 24 年度子女的學習費調查」（2012 年）及日本政策金融公庫「平成 26 年度教育費負擔的實際狀態調查結果」（2014 年）

念公立學校的狀況來說，大約是一千萬日圓。花費最高的則是全部念私立學校，特別是理科大學，需要兩千五百萬日圓[10]。

若從不帶感情的理性角度來思考，這麼一來，自己老後的資產就會減少。如果有這一千萬日圓，自己在十數年後或許就可以安穩長壽，不會淪落為下流老人。而且，就像剛剛提到的，父母很難讓子女照顧自己老後的生活，也就是說「投資報酬率很低」。

不可否認的，看到是在這樣的前提下生產並養育子女的狀況，有愈來愈多的年輕人積極選擇不生孩子這個「合理選項」。一旦有較多的年輕人放棄結婚或生子，日本的少子化問題就有可能變得更加嚴重，而且，似乎也找不到解決的方法。

海外先進國家會積極協助年輕人，以此作為少子化對策。比方說在法國，就提供年輕人低租金的住宅支援或房租補助制度，將提高總生育率（total fertility rate）視為重要政策來執行。這樣的做法有一定的效果，可以成為阻止少子化的原動力。

但是，日本並沒有這種有效的少子化對策，下流老人問題和對老後生活的不安嚴重衝擊著年輕人。如果一味要求個人努力扛起生產和育兒所造成的負擔，年輕人自然會為了自己的老後生活，而考慮不生小孩。

註10：根據台灣行政院主計處資料，九十七學年度時，台灣一個小孩從小學至高中完全就讀國內公立學校，平均每位學生「教育消費支出」為八十六．六萬元；若均就讀國內私立學校，平均每位學生「教育消費支出」為二百一十九．六萬元。所謂教育消費支出僅指家庭用於「教育」的相關花費，包括學校相關支出、校外補習活動費，書籍及參考書費用，但不包括食、衣、住、行、醫療保健、休閒旅遊等養育小孩的支出。

下流老人的社會問題——總結

一如先前提到的，下流老人的問題不只是高齡者，也關係到每一個世代的國民。如果置之不理，很有可能親子兩代一起崩垮，而且過去的價值觀，以及對高齡者或其他人的尊重，也很可能消失殆盡。此外，現在仍在工作的世代減少消費，對景氣帶來負面影響，也成為加速少子化的主要原因。

我提出的這些問題，只是下流老人對社會所造成影響的冰山一角。如果各位專家可以從各自的觀點再度進行討論，應該更能凸顯下流老人問題的嚴重性。本書在此僅是拋磚引玉，往後的驗證，就有賴各位專家了。

第二章

下流老人的現實狀態

在第二章，我將從我們平常的服務中舉出幾個實例，說明下流老人實際上過著什麼樣的生活。本章以協助下流老人的過程中聽到的談話和訪談為基礎撰寫而成，希望大家可以聽聽真實的聲音。

生活窮困者的現狀

一開始，我想先稍微說明我的問題意識。

我之所以希望各位能夠了解下流老人的問題，乃是出於我自己的服務。過去十二年以來，我都在面對被稱為生活窮困者的人、為他們提供諮詢的現場工作。現在，成立了NPO法人「hot plus」這個團體，一年大約為三百名生活窮困者提供諮詢服務。

受諮詢的人當中，大約有一半都是陷入「窮困」狀態的六十五歲以上高齡者。諮詢的內容包括「付不出公寓的房租」、「生病了，但無法上醫院就醫」等，種類非常多樣。此外，還有沒有繳納「介護保險費」[1]或「健康保險費」的人，或是好幾天沒有吃飯的人。這些不全是沒有年金的人，有人雖然可以拿到年金，但因金額太低，光靠那些錢無法生活。

異口同聲說：「沒想到」

而且，受諮詢的人都異口同聲地說：「完全沒想到自己會陷入這種狀況。」一片寂靜之中，他們垂著頭說出來的這句話，聽來相當沉重。

簡單來說，老後的貧窮是料想之外的事。正因為如此，如果沒有及時提出因應的方法和對策，便會衍生出更艱難的問題。

但是，我對會淪落為下流老人這件事並不感到意外。因為和許多受諮詢者面對面

註1：日本為因應社會高齡化的需求，政府於二〇〇〇年起開辦介護保險，向中高齡者（四十五歲以上），以年齡別徵收不同的保險費，以提供需要長期照護者的需求。台灣政府目前正研擬開辦的長照保險的概念與此相類。

相處之後，我發現不管本人多麼努力，還是有讓他們淪落成下流老人的原因。詳情請容後述，下流老人是社會造成的，並非命中注定。而且，不知為何，許多人都抱持著「自己應該沒有問題吧」這種莫名的自信，這種心態與現實背道而馳的狀況相當危險，所以，絕對不能認為這件事與自己無關。

以下，我就舉一個例子來說明下流老人的實際生活狀態，讓大家聽聽真實的聲音。

〈個案1〉就算到餐飲店工作，也只能以野草充飢的加藤先生（化名）

加藤先生（七十六歲）是一名新潟縣出身的男性。現在一人獨居，住在埼玉縣房租三萬五千日圓的公寓中。沒結過婚，終生單身。

問他為什麼不結婚，他半開玩笑地回答：「不是很善於和別人交往，而且自己長得也不好看。」雖然在新潟有親戚，但因疏於聯絡，關係並不密切。

「父母還在世的時候，和親戚還有往來，但是現在已經完全沒有聯絡了。」他語帶淒涼地說著，讓人印象深刻。

加藤先生從縣內的公立高中畢業後，曾經進入自衛隊，也做過餐飲和照護等各種不同的工作。

「在自衛隊時，被長官欺負，所以就辭掉了。沒有體力本來就很難勝任，訓練也非常嚴格，有好幾次都因為太過疲勞而嘔吐。如果以現在來說，應該算是權力霸凌吧？但當時那樣的事是理所當然的。」

在那之後，他被縣內的餐飲店雇用為正式員工，投身餐飲工作，重新出發。

他似乎在中華料理店工作得特別久。現在，每次我做家庭訪視時，他都會很開心地做菜給我吃：「我炒了青菜，吃了再走吧，很好吃喔！」加藤先生的口頭禪是「再怎麼好吃的東西，兩個人吃都比一個人吃來得美味」。我曾經和他一起吃飯，他似乎有自己的祕密配方，直到現在，還是不肯告訴我那是什麼。這份餐飲業的工作他做了非常久。

辭掉正式員工的工作，開始照顧父母

但是，即將邁入四十歲時出現了重大轉折。就在工作的巔峰時期，他的雙親相繼病倒，需要別人照顧。

當時，加藤先生和雙親在縣內各自生活。父親一邊從事定置網漁業的捕魚工作，一邊照顧罹患結締組織疾病的母親。這個時候，父親罹患肝癌，被告知只剩下一年的生命。

父親當時很年輕，只有六十四歲。

「他很喜歡喝酒，從年輕時就開始和漁業協會的夥伴一起喝。就算如此，他的去世還是讓我覺得，人的生命真的好脆弱。」

加藤先生為了照顧父親，辭掉正式員工的工作，連同母親也一起照顧。父親過世時，母親的健康狀況更加惡化，幾乎是臥床不起。從那時開始，大約十年的時間，他都一直在照顧母親，直到母親去世。「我是獨生子，過去一直讓父母擔心、也受到他們的照顧，所以覺得晚年要陪他們度過。」加藤先生溫柔地說。

「我年輕時是個混混，因為和同伴吵架被警察抓去，被父母責罵。即使如此，他們還是沒有放棄我，我想回報他們的恩情。」

雙親過世之後，年近五十五歲的加藤先生搬離新潟老家，到東京找工作。

「離開新潟時，感覺非常捨不得，但也沒辦法。五十五歲左右的年紀，在新潟是找不到工作的。剛開始的時候，我想在縣內就職，去了職業介紹所，但只能找到無法餬口的工作。就算賣了老家，也沒有拿到多少錢，當時真的很著急。」

在那之後，加藤先生開始在東京都內、神奈川縣，和埼玉縣等地從事看護工作。六十五歲辭掉工作後，便在埼玉縣住了下來。

「如果連夜班都算進去，看護的薪水比其他工作來得高。因為當時介護保險還不確定是否定案（日本介護保險制度於二〇〇〇年開始實施），人手不足，所以他們才會用我。雖然沒有看護工的執照，但和與自己父母年紀相近的人相處，感覺非常開中心的人身上。

心。」他回憶道。說不定加藤先生是把自己去世雙親的身影，投射在進入高齡者看護

「沒想到年金這麼少」

因為有段時期沒有投保年金，所以辭職後領取的厚生年金一個月大概只有九萬日圓[2]。為了照顧雙親而離職，因此投保年金的時間很短，再加上薪水又很低，所以領取的年金只有一點點。針對這一點，加藤先生說：

「太驚訝了，根本不敢相信。沒想到年金會這麼少，這樣要怎麼生活呢？可是，問了朋友和其他認識的人之後，發現有很多人拿到的年金跟我差不多。大家不是存款用光了、就是去工作賺錢，或者仰賴兒子照顧，但我身邊沒有這樣的親人。」

一開始，加藤先生似乎還有些存款。

「因為大概有五百萬日圓，最初還可以生活。可是後來得了糖尿病，有時也會因為從事看護工作時受傷所致的腰痛而動彈不得。因為開始有醫療費的支出，存款慢慢

變少。我雖然也想在還有體力時工作，但是身體卻不聽使喚。」他語帶豁達地說道。

加藤先生遭遇到這些困難，用光了存款，因此生活陷入困頓。到現在我還是無法忘記，加藤先生來到我們的NPO接受諮詢時，所提到的悲慘生活狀況。

「月收入九萬日圓的話，頂多只夠付餐飲費、醫療費和房租。每每在到下個月的年金給付前，生活真的非常苦。因為還要從九萬日圓中拿五萬去付房租（當時），手邊只剩下四萬日圓，一個月四萬日圓在埼玉縣是無法生活的。」

「那的確是很辛苦，你如何生活呢？」我問他。

「野草。」他說。

「野草？」我感到不可思議，歪著頭。

「對，野草。你知道野蒜嗎？外表看起來很像火蔥或薤的小株野草。有一段時間，我以那個當主食，吃那個過活。有的時候，我也會採五月艾、蕪菁，或者土筆

註2：參見第29頁，註4。

仔。是野草救了我，要是沒有它們，我說不定就餓死了。有的季節沒有野草可採，雖然有些丟臉，但我就到走到東京都內，排隊領取專門用來救濟街友的現煮食物。」他說。

因為肚子實在太餓了，所以吃路邊的草果腹。這件事不是發生在遠方國度，也不是在過去的日本，而是在現在日本的首都圈。

在那之後，我針對生活費和醫療費的不足，和加藤先生討論，為他申請生活保護。

現在，加藤先生領取一個月九萬日圓的厚生年金，不夠的四萬日圓，便接受生活保護的補助。醫療費由生活保護來支付，治療也相當順利。確定可以搬入低租金的住宅後，他搬出欠繳房租的公寓。來接受諮詢時，他身高將近一百八十公分，體重卻只有五十公斤左右，骨瘦如柴。但接受生活保護之後，過了五年，現在他的體重已經回復到六十六公斤了。

或許是因為加藤先生性格開朗，所以可以克服吃野草的生活。但是，當然也有存款用盡，被迫過著街友生活的人、因為竊盜而入獄服刑的人，以及企圖自殺的人。事實上，就連加藤先生也說：「如果我再晚幾個月來求救，說不定就死了，而且是餓死喔。因為我們都需要營養、熱量吧，但我每天的飲食攝取量，根本就不到標準，甚至還差得很遠，這樣的話，應該會變得很瘦，然後一命嗚呼吧。」

關於生活保護制度，他也說：「我有領年金，不知道就算有領年金也可以申請生活保護。」

不只是加藤先生，許多下流老人都不知道正確資訊，陷入孤立且無法求助的狀態。最後，我很直接地問加藤先生：

「有個名詞叫下流老人，加藤先生，你認為自己屬於下流嗎？」

他馬上回答我：「當然是下流啊，我不可能是中流或上流。這個世界上全是像我這樣的老人。」

〈個案2〉照顧憂鬱症女兒的永田夫妻（化名）

永田先生（七十七歲），和妻子（七十四歲）及長女（四十八歲）一起生活。夫妻兩人都在埼玉縣出生、成長，很小的時候就認識了。也因為這樣的緣分，兩人在二十幾歲時便結婚了。

「因為經濟高度成長，我在鎮上的工廠當金屬模板工人。雖然薪水很低，但有自己的房子，女兒也出生了，覺得很幸福。」永田先生回想當時說道。

永田先生從那個時候開始，一直到退休之前，都在縣內的某家小型工廠努力工作。

「我的技術不錯，還曾受過埼玉縣縣長的表揚，我覺得自己對經濟高度成長有所貢獻。雖然現在到處都是塑膠製品，但以前如果沒有金屬加工技術，不管是建築還是其他產業，都難以發展。」永田先生對自己的工作給予高度評價。

當時，有許多大企業的外包或外包的外包工作，薪水似乎很低，但大家互相合作，雖然沒什麼錢，生活也不至於太過辛苦。最讓人苦惱的其實是其他問題。

「長女在國中時因為被霸凌，不想去上學。在那之後，我們拚命地在生活和讀書上給她幫助，讓她念到短大畢業，但現在她依舊在和憂鬱症奮戰。真沒想到會得到憂鬱症……」

結果，長女在短大畢業之後，到現在將近三十年了，都因為生病而完全無法工作，一直由夫妻倆支付養育費和生活費。

現在，永田先生賣掉住了很久的埼玉縣內的透天厝，住在租來的公寓中。房租大約九萬日圓，三個人一起生活。

最大的煩惱是，長女的將來和三個人的生活費。

「因為長女無法工作，所以之前都是我們在照顧她，但今後我們還有辦法這樣繼續下去嗎？我想應該沒有這份餘力了……」永田先生顯露出他的不安。

「只靠年金來維持生活」

除了夫妻倆的生活費之外，照顧女兒也需要花錢。所以，兩人的老後生活非常辛苦。工作時期的薪水很低，兩個人的厚生年金加起來一個月是十七萬日圓。

「只靠年金來維持生活。但是，年金不會增加，只會減少，再加上還有一個無法工作的女兒，十七萬日圓實在是無法過活。夫婦兩人身體都很健康時，日子或許還過得去，但萬一其中一人生病那就糟糕了。還有一些林林總總的花費，根本就無法存錢。」

夫妻兩人連維持眼前生活的存款都沒有。永田先生很老實地說：「希望長女可以盡早獨立，我們可能沒辦法永遠照顧她。」但是，以現狀來看，憂鬱症幾乎沒有痊癒的希望。

「長女狀況好的時候，還會和我或妻子說話，但是狀況不好時，便無法踏出房門一步。有的時候，甚至連日常生活事務也無法自己料理，所以變得很邋遢。」

在只能勉強度日的生活中，還要照顧不知未來狀況如何的女兒。如果這種狀態持續下去，親子之間自然會不斷發生爭執。

「因為很希望她可以趕快把病治好，自己獨立，所以我甚至跟她說：『要不要努力試著工作看看？』結果她反駁我說：『有誰會雇用像我這樣的人？』兩人大吵一架，我已經受不了了……」

之所以會賣掉原有的住屋搬到公寓，是因為存款已經用盡，包括長女的醫療費在內的支出，已經到了極限。

「實在不想賣掉已經住慣的房子。但是，為了生活費，實在是沒辦法。目前只能靠著這些錢生活，但也不知道可以維持到什麼時候，心裡感到十分不安。」他說。

聽得出工作時的永田先生沒有餘力為老後儲存太多資金，為了照顧長女，他幾乎花掉所有的養老金。

「老實說，我曾經有好幾次想過，如果沒有這個長女該有多好。如果沒有她，我們或許就不用這麼辛苦。可是，她一直隱瞞國中遭到霸凌的事，應該也很痛苦。因為我工作忙的時候，沒有辦法聽她訴說煩惱、給她意見。如果是現在，我可能會跟她說：『不用勉強去上學。』但是當時，我似乎斥責她：『不想去學校，根本就是偷懶！』雖然我自己已經不記得了，但長女不斷跟我講這件事。」

聽了永田先生的懺悔，我不知道該說些什麼才好。

就算自己一帆風順，但自己以外的事情全在「料想之外」

現在，永田先生的長女雖然每週都會到精神科醫院就診，病情卻一直沒有好轉。「病情惡化是我造成的，所以我會盡量照顧長女。但是，我死了之後，或是當存款用完時，希望有人可以提供協助……」永田先生告訴我他來諮詢的理由。然後又說：「我已經跟長女說了很多次，等我們死了之後，要去相關單位諮詢，申請生活保護。我很擔心長女，如果就這樣死了，也會很不安心。」

三個人就靠著一個月十七萬日圓年金來生活，絕對無法過得太優渥。現在，一個月平均需要花費二十六萬日圓的生活費，特別是長女的醫療費和前往醫院的交通費，負擔非常龐大。如果是兩個人生活，或許還勉強過得去，但加上長女，每個月錢都不夠用……

以永田先生的個案來說，加上疾病和事故這些家人的生活問題之後，光靠年金是無法生活的。

最近，黑心企業、繭居族、憂鬱症等年輕人的問題不斷增加。像永田先生這樣，因為家人的疾病和事故造成生活窮困的諮詢個案很多。原本以為自己到目前為止都一帆風順，卻因為料想外的難題而受挫。

該怎麼做才能改善永田先生夫妻倆的現狀，目前還找不到答案。

〈個案3〉一直擔任事務員的山口先生（化名）

山口先生（六十九歲）是神奈川縣出身的男性。他在進大學的同時，搬到東京。

「雖然進大學是一件好事，但當時學生活動相當盛行，大學幾乎沒有在上課。」他笑著回憶當年。

「就算待在大學裡，也只是白花學費，變得愈來愈笨。所以，我申請休學，開始工作。」

從大學休學之後，山口先生在神奈川縣內某家建設公司的事務所等單位，做了四十年的事務員。

「以當時來說，年收入並不算低，年輕時年收入大概有三百萬日圓[3]，可以過一般生活。辭職時，年收入大概是五百萬日圓，而且還有年終獎金。我也不知道為什麼生活會變成這個樣子。」他說。

來我們的NPO接受生活諮詢時，山口先生已經無法負擔租屋，而是住在網咖裡。

「三千萬日圓一轉眼就消失了。」

山口先生沒有家人。

「我一輩子單身，也沒有孩子，因為沒必要買透天厝，所以沒有買。雖然有人來推銷，曾經猶豫過要不要買，結果還是一直租房子，獨自生活。」他說。因為身體變得愈來愈差，所以六十二歲時自行申請退休，領取退休金。

「我以為只要有當時的退休金，大概一千五百萬日圓，就可以安穩度過晚年。因為之前也存了一點錢，加起來有將近三千萬日圓。」他回憶說。

那將近三千萬日圓的現金跑去哪裡了呢？

「三千萬日圓一轉眼就消失了。我只能孤獨走天涯了。因為只有一個人，沒人也沒辦法請人照顧我，所以我才想至少要自己準備辦理後事的費用，想趁活著的時候，將墓碑和墓地的永久使用費付給來招攬生意的公司，大概付了九百萬日圓。」

那塊墓地現在已經幫山口先生準備好要用的空間，他開心地讓我看了墓碑的照片。

註3：現年六十九歲的山口先生，三十年前的一九八六年約為三十九歲，當時日本的平均年收約為三百一十三萬三千日圓，是一般上班族的薪水。

但是，山口先生退休後得了重病。曾兩度罹患心肌梗塞，不得已只好長期住院，進行療養。

「醫院的醫療費好貴啊。心臟手術的難度很高，所以診療費和藥費也很貴。因為住院的時候住的是單人房，出院時付了一大筆錢，而且一年之內還病倒兩次，真的很慘。」他說。

他還說，剩下的存款，全都花在醫療費和生活費。但是，三千萬日圓的現金，就這樣在從六十二歲開始的七年內全部消失不見了嗎？

我問他：「你沒有使用高額醫療費補助[4]嗎？」

「我不知道有這種補助。」他說。

從那個時候開始，他很快就變得一窮二白。

而且，山口先生也沒有投保厚生年金。

「因為公司沒有加入厚生年金，所以只付了國民年金的錢。我以為當時的薪水還算可以，應該沒有問題……現在後悔也來不及了。」他說。

本來，法人有加入厚生年金的義務，但有很多中小企業並沒有加入。山口先生之所以認為只要有國民年金就夠了，或許是因為他以為只要有存款，應該不會有問題，再加上還有退休金，所以就疏忽了。但是，事實完全不如他所預想的。

山口先生現在一邊接受治療，一邊接受生活保護。因為光是山口先生的年金金額，完全無法支付高額的醫藥費。「我沒想到以前這麼健康的自己竟然會不斷生病」、「無法想像竟然還淪落到要申請生活保護」，山口先生不斷重複說著。

〈個案4〉在鄉下銀行工作的藤原先生（化名）

藤原先生（六十七歲），從鄉下的大學畢業後，就在埼玉縣內擔任銀行員，一直

註4：日本的「高額療養費助成制度」，是日本政府根據健康保險法所制定的一種社會福利制度。只要在同一個月內，在同一醫療機構所花費的醫療費用個人負擔部分超過一定額度（高額療養費算定基準額），就能申請補助。補助額度按照未滿七十歲、七十至七十五歲、七十五歲以上，分成三種等級。

工作到六十一歲。在這段期間，他結婚了，而且還有一個女兒。現在，女兒長大了，已經結婚、離開家裡。

乍看之下，生活中似乎沒有什麼需要煩惱的事，但事實上，藤原先生出現了失智的症狀，被趕出公寓，因為親戚來接受諮詢，才被發現他住在埼玉縣內的公園中。

我在公園裡找他說話，消瘦的他彷彿費盡力氣才能擠出一點聲音：「謝謝、謝謝你。我不知道該怎麼回家，實在很傷腦筋啊！」

大概從五十五歲左右開始，藤原先生的生活便發生變數。

據他的親戚說：「原本很擅長，也為他賺了很多錢的事業，好像變得很不順利；後來，因為他把工作上的壓力發洩在家人身上，所以不斷發生爭執。」

聽說他從那個時候開始心情便暴起暴落，女兒因為看不下去而離開家裡，幾乎等於是離家出走，然後就直接結婚了。

因為陷入這樣的狀態，便在銀行的強迫下提早退休。我針對這件事詢問藤原先生，他說：「公司有個主管一直找麻煩，我一氣之下就辭職了。」親戚和藤原先生對這件事的認知完全不同。

退休之後，他把好不容易拿到的退休金都浪費在吃吃喝喝上，夫妻關係很快就出現裂痕。關於這件事，藤原先生說：「總是要關照一下從還在工作時就經常前往的酒店或小酒館，這也是不得已的事。」

銀行員、大企業的員工也不例外

後來，藤原先生和妻子協議離婚，拿到一半的資產和年金。六十歲之後，靠著一個月十二萬日圓的厚生年金獨自生活。

以銀行員來說，就算在職時薪水很高，如果只能分配到一半的年金，金額絕對不會太多。

這筆約十二萬日圓的金額，略低於埼玉縣內生活保護基準的水平，如果申請生活保護，應該可以拿到給付。

而且，因為他一個人住，把年金和養老金都花掉了，最後，終於連公寓的房租都繳不出來。「不管有多少錢都不夠。每個地方都在跟我要錢，雖然有些我實在記不得了，但還是得付錢。」藤原先生坐在公園的長椅上苦惱地說著。

因為欠繳了三個月的房租，房東趕他出去：「你再不繳房租，我真的很困擾，而且也無法忍受了，請你搬出去吧！」在那之後的幾個月，藤原先生都在埼玉縣內的公園流浪過活。

聽說欠繳的房租都由長女代為支付，甚至還東拼西湊，幫他付了一百萬日圓的公寓退租費用。但是，長女自己的家庭也並不富裕，無法給父親更多的照顧。因此，才會聯絡我們：「父親現在在公園餐風露宿，希望你們可以去幫助他。」

我第一次和藤原先生碰面時，是在炎熱夏季的某一天。他衣衫襤褸，很難溝通，有時甚至連話都講不清楚。見面當時，我們在詢問狀況時就懷疑他有失智症，後來證實事情一如我們的猜測。

之後，便由ＮＰＯ經營的合租屋（share house）進行保護，陪同藤原先生申請介護保險和就醫，並整理借款和協助管理金錢。搬入合租屋那天，藤原先生很高興地說：「只要有這種ＮＰＯ，就不用住在公園了，真的是佛祖保佑。」藤原先生有宗教信仰，而且也很積極地布施和捐贈。我不知道宗教團體是否知道藤原先生的狀態，但他們還是定期來要求捐款。

在失智症惡化之前，藤原先生或許已經出現早發性失智的跡象，這應該也是與同事和家人關係惡化的原因之一，幫藤原先生治療的精神科醫生也曾提出相同的意見。而且，造成藤原先生變成下流老人的最大原因是，不管自己或身邊的人，都沒有發現他可能得了失智症而繼續生活。再加上熟年離婚，年金必須和妻子各分一半，更是雪上加霜。

從這個例子我們可以知道，就算工作時的收入很高，也可能很快就陷入無法維持生活的狀態。

即使是一般來說都領取高薪的銀行員，也可能因為某些問題而導致下流化。在日本社會，有多少人的老年生活堪稱絕對沒有問題呢？

觀察幾項有關下流老人的統計

在前面的章節，我提出了幾個下流老人的實例。這絕對不只是「不相識的他人」的問題，從以下的各種資料統計，便足以證實。

根據日本厚生勞動省「平成二十五年國民生活基礎調查概況」（二〇一三年），所有家庭一年的平均收入是五百三十七萬兩千日圓，相對於此，高齡者家庭是三百零九萬一千日圓，兩者的差距高達兩百三十萬日圓。而且根據同一份資料，事實上高齡者家庭中，有九〇・一％的收入都低於所有家庭的平均所得。

簡單來說，成為高齡者之後，所得會比還在工作時的階段減少許多。

或許有人會認為「因為上了年紀就無法工作，所以收入變低也是理所當然的事」，或者「一旦成為高齡者，就不用花太多錢，應該也不需要像工作時期那麼多的收入」。

所有家庭一年的所得金額　相對占比分布

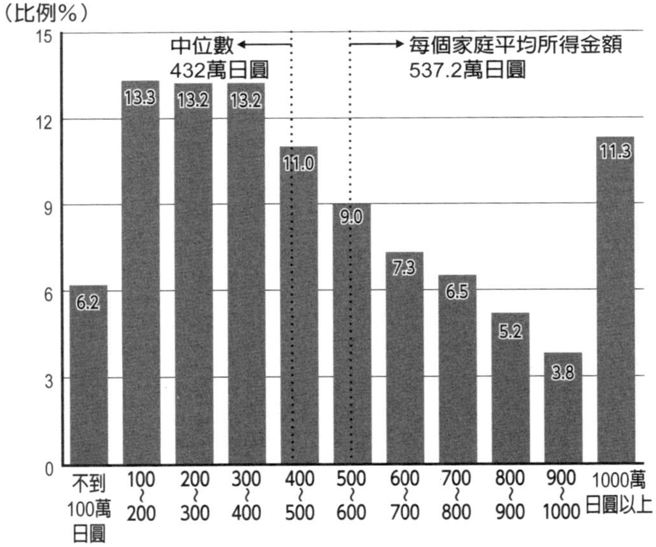

資料來源：厚生勞動省「平成 25 年國民生活基礎調查概況」、統計情報部「平成 25 年國民生活基礎調查」（2013 年）

高齡者家庭一年的所得金額　相對占比分布

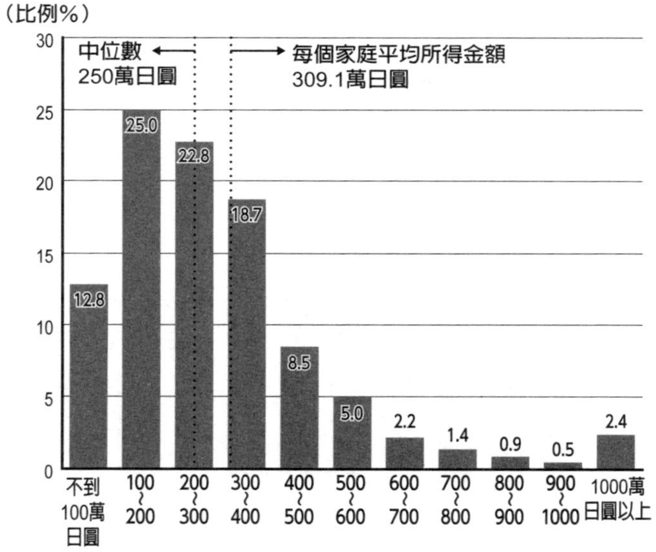

資料來源：厚生勞動省「平成 25 年國民生活基礎調查概況」、統計情報部「平成 25 年國民生活基礎調查」（2013 年）

但問題是，相對於收入減少的幅度，支出並不如想像中減少那麼多。不只如此，很可能因為「料想之外」的事情，出現額外支出。

從剛剛舉的例子就知道，高齡期會出現醫療費和照護費等預想外的支出。我們必須了解，雖然餐飲費和孩子的教育費減少了，但其他項目的支出卻增加了。

此外，先前提到的資料充其量只是平均值，實際上許多高齡者家庭的所得都不到三百一十萬日圓，而中位數為兩百五十萬日圓。即使如此，以降低支付額為目標的年金制度改革還在進行中，往後，如果沒有在步入高齡期前做好儲蓄等準備，任何人的老後生活都有崩壞的危險。

工作所得只占所有收入的兩成

再看看「各種不同所得的狀況」，在高齡者家庭每一個家庭的平均所得細目中，「公家年金．退職金」占六八．五%，「工作所得」占十八．〇%。也就是說，高齡期的工作所得不到所有收入的兩成。

由此可知，從現在開始，高齡者的生活非常仰賴年金。除了某些特殊的例子，可以讓高齡者得到足夠收入的工作或雇用機會並不是太多，如果鼓勵雇用高齡者，可能又會剝奪了年輕人的工作機會。

認為「年金不夠支付的部分，可以靠工作來彌補」的人，必須要有所覺悟了。

而且，根據同一個調查，以存款、負債的狀況來說，高齡者家庭，「有存款者」占七七．九％，「無存款者」占十六．八％。

包含「無存款者」在內，存款不到一百萬日圓的家庭占二四％，若將存款不到兩百萬日圓的家庭也計算在內，比例將高達三〇．三％。如果存款不到兩百萬日圓，當生活中需要大筆支出時，就會無法維持家計。此外，以是否有存款為標準，將高齡者一分為二也是一個特徵，如果只看存款金額，就有極大的「世代內差異」。

另一方面，關於負債的有無，「有負債者」占八．六％，「無負債者」占七七．三％。負債的平均金額是九十九萬兩千日圓，但往後需要注意有負債的高齡者會增加多少，或者負債金額是否增加。

除此之外，關於存款的增減，四三．九％的高齡者世代回答「存款減少」。原因以「日常生活費的支出」為最多，占七三．二％。如果日常收入變少，就只好取用過去儲蓄的金錢來生活，看起來絕對沒有浪費或奢侈的跡象。

問到生活意識的相關問題，回答覺得生活「有一點辛苦」（三一．一％）和「非常辛苦」（二三．二％）的高齡者，合計多達五四．三％。

就像這樣，高齡者的窮困情形愈來愈嚴重，已經有許多人開始變成下流老人了。

即使提供援助，下流老人依然沒有減少

我這十二年來一直以社會工作者的身分不斷服務，但是，生活窮困的受諮詢者完全沒有減少。不只如此，近年還明顯增加。一般來說，如果支援行動不斷擴大，進行了某種程度的生活改善，窮困者應該會減少才對。而且，若將來有一天再也沒有窮困

者，就不需要像我們這種支援者了。但是，不管進行再多的服務，新的窮困者還是如滾水般不斷冒出。

這就好像在湖上划著小船，當船底破洞，水滲了進來，大家會怎麼做呢？或許會試著將水潑到船外，讓船不要下沉。也有可能會試著用手或手邊的東西把洞塞住，讓船不要再繼續往下沉。不管如何，應該不會只是嘴裡說著「哇，水跑進來了——」，然後呆呆地看著小船。

我想，我過去進行的服務就是把水潑到外面。我不斷接受受諮詢者的請託，針對不同的個案思考最佳處理方式，展開支援行動。但是，就算把水潑出去，破洞還是存在。不管給予多少支援，水還是會不斷滲進來。

必須思考該如何把洞塞住，否則，小船應該很快就會沉下去。也就是說，下流老人的問題不能使用對症療法，如果不能把它當成社會問題，從根本建立對策，就無法解決。

我們將展開生活諮詢、進行支援這件事稱為「微型實踐」，但僅是這種微型實踐，並無法處理已經成為社會問題的下流老人現象。如果不展開巨型實踐，改變制度、政策，以及人們的意識和想法，下流老人的問題就不會消失。

為了思考對策，首先，請大家仔細看清楚下流老人的現實。

第三章

所有人都可能變成下流老人

——從「普通」轉變為「貧窮」的典型模式——

第二章中，具體介紹了陷入下流狀態的高齡者現狀。但是，我們還聽到了這樣的聲音：

「沒有針對老後生活做計畫的人，應該會變成下流老人吧！」

「應該是把錢亂花掉了吧！」

「我有存錢，所以不會有問題。」

的確，如果沒有真正面臨危機，或許很難想像。

但是，下流老人毫無疑問地是「我們」的問題。

來接受諮詢的人並不是特別奇怪的人，許多人以前都是上班族等一般勞工，其中甚至還有公司董事或公務員。不管什麼職業都會成為下流老人這一點，是相當嚴重的問題，絕對不是只有毫無計畫、過著放蕩生活的人才會變成下流老人。

從「普通」淪落至「貧窮」的幾個模式

回想之前看到的下流老人實例，雖然程度各有不同，但很多人也都盡可能做了努力，也非常謹慎地過活。即使如此，還是無法阻止貧窮化。

從現在開始，我將透過實例，介紹淪落為下流老人的幾種代表性模式。

首先，在前半部的【現狀篇】，將透過我們一年內看到的約三百名各種生活窮困者，淪落成下流老人的過程，以及將其結構類型化的模式。簡單來說，也就是變成下流老人的幾種模式。

在後半的【不久的未來篇】，將看到近年不斷增加的與年輕人窮困有關的問題。並非是已經存在的下流化模式，應該說是從現在開始可能會增加的「預料中的模式」。以這層意思來說，對現在還在工作的世代而言，這應該會是他們的「切身問題」。

我希望看了這些內容的「一般人」可以理解，自己陷入「下流」狀態的可能性有多高。

【現狀篇】

〈模式1〉因為疾病或意外而支付高額醫療費

第一種模式是因為疾病、需要照護或交通意外，而必須支付高額醫療費、看護費或療養費。在第二章的個案中介紹了許多這樣的模式，應該很容易想像。根據「平成二十六年版高齡社會白皮書」（二〇一四年），看了六十五歲以上高齡者的健康狀態，發現平成二十二年（二〇一〇年）有訴者率[1]（一千人當中，「最近幾天有疾病等自覺症狀者『入院者除外』的數量」）是四七一・一人，有將近一半的人表示自己有某種自覺症狀。

理所當然，高齡者比想像中更容易罹患疾病。很多人在退休之後，突然發現自己得了癌症等無法預期的疾病。如果要負擔不在預期之內的高額住院費、醫療費和看護費，生活很快就會出現危機。

比方說，退休金有八百萬至一千萬日圓的人，有些人在經歷幾次癌症手術之後，便花掉了所有的養老資金。雖然有高額醫療費補助[2]，但因為還有入院時的病床費差額和保險之外的治療，所以金錢的負擔會變重。而且，很多時候，癌症的治療需要長期療養。

符合模式一的多半都是六十五至七十四歲的前期高齡者。相較於過去，現在許多高齡者的體力都非常好，除了因為年金的給付年齡提高，本人在退休後也還想活躍地工作，許多成為下流老人的人都曾經計畫靠著「年金＋勞動收入」來生活。

但是，這樣的計畫必須以「健康」為前提才能成立。沒有人知道自己這一輩子是否都可以保持在健康狀態，我們必須知道這單單只是一個願望。

註1：有訴者率是日本厚生勞動省統計日本國民健康狀況時所使用的一個名詞，意即有健康自覺症狀者（有訴者）在每千人當中所占的數量。

註2：參見73頁註4。

人生「高齡期」的延長

就算已經妥善做好生活計畫，一旦生病，還是派不上用場。如果療養生活持續個一、兩年，不但生活費之外的各種費用都會增加，時間也會受到限制，負擔就跟著變大。一般來說，復原速度會比年輕時來得慢，狀況無法如預期般改善。

以意外來說，自己可能是受害者，有時也可能是加害者。特別是很多高齡駕駛都會將汽車的油門錯當煞車，造成重大意外。如果只造成汽車和建築的損毀那還算好，但常常有時候會造成人員傷亡，被要求巨額的損害賠償。

像這種因為無法預期的疾病、看護需求或意外，突然出現高額的醫療、看護費用，而成為下流老人的案例非常多。

突發的疾病或意外，不只是現在，從過去開始就有了。之所以「若是發生在以前就沒問題」，乃是因為過去家人和區域社會等各種安全網絡都能發揮功用，保護著高齡者。

現代社會多為核心家庭，以致經濟上窮困卻無法依賴兒子的案例不斷增加。現在的高齡者在物理面、精神面、經濟面等，各種層面都受到「孤立」。

而且，這個問題和進入過去不曾發生的「長壽社會」也有關係。所謂長壽社會，換句話說，就是「人生屬於高齡期的比例變得很長」。

現在，活到九十歲也不算罕見，甚至有人活超過一百歲。如果高齡期長達二十五年或三十五年，就算已經做好生活計畫，應該也有人會因為罹患疾病、遭逢意外，或者罹患失智症等而忘記原有計畫。

高齡期的比例增加，可說是提高了遭遇危機的機會。而且，為了保持健康也需要大筆的花費。

〈模式2〉無法入住高齡者照護設施

第二種模式是，想入住高齡者照護設施，卻不得其門而入的問題。

對無法仰賴家人或親戚的高齡者而言，照護設施，亦即所謂的「老人安養院」，可說是最後的去處。但是，卻有愈來愈多的個案因為制度上或經濟上的理由，就算是極度需要照護、明顯無法獨立生活的高齡者也無法入住。

雖然通稱為老人安養院，但也分成幾個種類。

最普遍的是公立性質的「特別養護老人安養院」。這是社會福利法人等單位經營的設施，需要照護的高齡者入住之後，可以在日常生活中接受照護員的照顧。基本上，只要是六十五歲以上，無法獨立生活的高齡者，都可以使用。四十歲之後的人，原則上所有人都有支付介護保險費，可以根據介護保險制度，使用這個設施。

但是，入住安養院多半要等個三到五年，有些設施等個十到十五年也不算稀奇。根據二〇一五年三月公布的厚生勞動省資料，申請進入特別養護老人安養院的人，全國大約有五十四萬人，其中，住在家裡、需要照護的高齡者約有二十六萬人。我們可以發現，不靠家人照護就無法生活的高齡者人數非常多，但設施的數量卻遠遠不足。

除此之外，也有收入低，且沒有家人親戚，需要保護的高齡者可以入住的「養護老人安養院」。原則上，養護老人安養院是以不需要照護、可以自己處理身邊事務的高齡者為對象。這種設施和其他設施不同，不用根據介護保險制度就可利用。它是一種「安置制度[3]」，需要保護的高齡者，必須根據福祉事務所[4]的判定才能使用。因此，想使用設施時必須向政府機關中負責高齡照護的福祉事務所洽詢，而非養護老人安養院。

問題是，這裡的床位數量遠遠低於希望入住者的數量。因為貧窮而受苦的高齡者

註3：安置制度（措置制度）是日本法令規定的行政權，是一種為符合社會福利條件者提供安置的制度。

註4：福祉事務所，是日本各地方政府設立的社會福利單位，負責與兒童、老人、弱勢、身心障礙者等相關的社會福利事項，類似我們各地方政府下的社會福利服務中心。

不斷增加，但是照護老人安養院卻沒有做好十足的準備。

驚人的老後貧富差距

因此，即使因為無法獨立生活，想要入住老人安養院，也很有可能找不到願意收容的設施。而且，這些設施基本上都是兩個人或三個人合住一個房間，不管是用餐或就寢時間都完全統一，無法像在自己家裡一樣自由自在地生活。

因此，如果想在日常生活中，以接近自己居家生活的模式來接受支援、度過老後，就必須考慮民間經營的「自費老人安養院」。但是，很多附有完整設備的自費老人安養院費用都非常高，光是保證金就要五百萬到一千萬日圓，有些設施除了保證金之外，一個月還要付二十到三十萬日圓的「使用費」。

模式二中，最辛苦的便是「雖然意識很清楚，但因為身體或經濟上的問題，難以獨自生活的高齡者」。

公家性質的養護老人安養院沒有空床，無法入住；設備宛如飯店一般的自費老人安養院，卻費用太高，無力負荷，於是因為身心障礙或痼疾而無法獨自生活的高齡者，最後就會淪落到沒有立案的自費老人安養院等，處於灰色地帶且坐收暴利的照護設施。

在這樣的設施裡，不僅無法接受專業照護人員的服務，必要時也沒辦法到醫院就診，而且也沒有進行看護時需要的基本設備和人員。因此，也被稱為「臥床不起公寓」或「臥床不起安養院」。

這種設施之所以會如此橫行，就是因為「老後貧富差距擴大」所致。

在終身雇用、按年資敘薪的制度不斷崩垮的現今，這種貧富差距往後應該會愈來愈大吧！

沒有錢就無法接受像樣的照護

更嚴重的是，不管願意與否，貧富差距會因能工作時期的收入而「固定」下來。高齡期時的收入幾乎不可能增加，而且並不是所有人都有足夠的金錢。但是，自費老人安養院顯然就是專門「針對富裕階級的設施」，這樣的現狀是很嚴重的問題。

在上班族時代年收入超過一千萬日圓的人只占區區幾個百分比。只有這樣的人得以入住，且以一般水準的年金無法入住的設施不斷增加這件事，對照社會福利理念，顯然是異常現象。

但是，為什麼這些自費老人安養院儘管飽受批評，但需求量卻一年比一年大？

這是因為介護保險制度功能不全的問題非常嚴重。現在的情況可說是公營和民營相互糾纏，資本主義精神扭曲的結果。

原本，生存所需的基本照護是公家機關必須負責提供的。但從二〇〇〇年開始，介護保險制度的精神從安置更改為契約，一味地強調高齡者可以自由選擇照護業者的優點，所以民間企業和營利事業者也開始從事照護事業。隨著「照護社會化」這樣的呼籲，許多經營者開始視照護為營利工具。

如果民間企業和社會福利法人安養院能經營的床位數量相同，很明顯地，當然會想經營能賺錢的自費老人安養院。自費老人安養院每一個房間的單價，比養護老人安養院或其他照護設施高出許多。即使床位數量相同，一方一年有一千萬日圓的收益，另一方一年有一億日圓收益，根據市場原理，當然會選擇經營可以賺更多錢的設施。

而且，特別養護老人安養院和養護老人安養院帶有強烈的公家色彩，對安養院的利潤有嚴格的規定，無法獲得太多利益。且因介護保險的財源不足，故而造成營運費用和職員的薪資很低等問題，所以沒有人願意經營公家的養護老人安養院，以致造成床位不足、無法滿足需求的狀態。自費老人安養院的價格高漲和特別養護老人安養院、養護老人安養院的不足等問題，並非個別問題，必須把它們和高齡者的窮困和不平等等問題加以連結，一起思考。

簡單來說，現在的狀況非常嚴重，「如果老後需要照護，就住進老人安養院度過餘生」這樣的想法已經是太過樂觀了。現在有許多高齡者不得不在獨自生活的自己家裡接受不完整的照護，藉以度過餘生，就是最佳證明。

〈模式3〉子女因為工作貧窮（年收入兩百萬日圓以下）或身為繭居族而依靠父母

一如在第一章中說明的，現在已不再是「因為身為子女」，所以理當要照顧父母的時代。黑心企業不斷增加，許多年輕人被迫拿著低薪長時間工作，如果還要期待他們照顧父母，真的是非常殘忍。現在或許已經不是由子女來照顧父母的時代了。

父母不僅無法期待子女的照顧，有時子女還是讓自己變成下流老人的主要原因。因為窮忙族[5]（working poor）和繭居族等問題，即使子女已經成年還是必須加以養育的高齡者不斷增加。

最近增加得最為顯著的，便是「窮忙族」這種勞動年齡層的窮困。

請大家看看厚生勞動省提出的，日本總勞動人口中正職者與非正職者人數的推測。在二〇一四年，所有勞工的三七．四％為非正職者[6]。

相較於二十年前，兼差、打工或派遣員工等的比例每年不斷增加。現在，三名勞工中就有一名為非正式雇用，無法享有獎金和保健福利。其中，無法以正式員工的身分工作的「非出自本意的非正職者」人數比例，高達所有非正職勞工的十九．二％。簡單來說，有很多人雖然想以正式員工的身分工作，卻只能以非正職者的身分工作。

除此之外，根據二〇一三年的日本厚生勞動省「薪資結構基本統計調查」，計算二十至六十四歲可以獲得的薪資，正職者約兩億兩千四百三十二萬日圓，非正職者大約一億兩千一百零四萬日圓，兩者差距多達一億三百二十八萬日圓。雖然大家主張

註5：窮忙族，又稱在職貧窮、薪貧族，是指雖然有固定工作，但相對貧窮（例如收入低於貧窮線）的人。和失業者不同，這些人雖然有工資，但工資的金額不足以維持一個合理的生活品質。

註6：依行政院主計處資料，二〇一二年時，台灣部分工時、臨時性或人力派遣工作者有七十三萬六千人，占總就業人口比率達六．七九％。

近年正職者與非正職勞工的人數變化

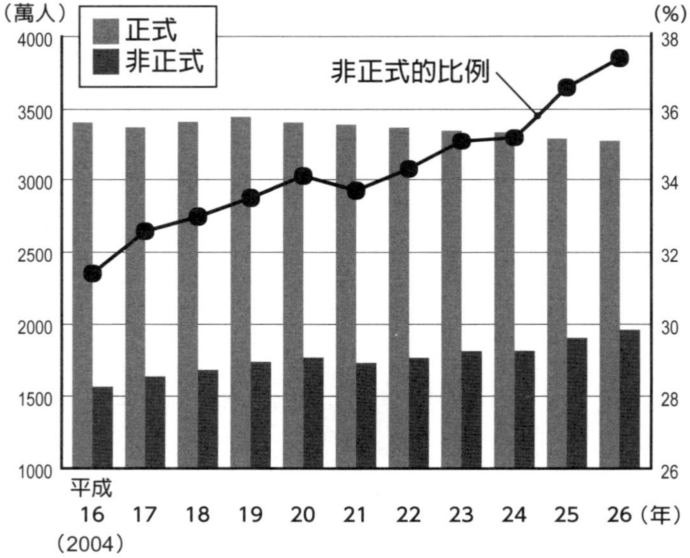

資料來源：日本厚生勞動省

「同工同酬」，但即使是相同的工作內容，正職和非正職者在薪資上顯然有很大的差距。

特別是在鄉下地方，工作機會不足的問題特別嚴重，有的時候，一旦變成非正職員工，就無法再回到正職員工的道路。這麼一來，如果在三十五歲之後到四十多歲這個剛好要開始照顧父母的時期求職，多半只能找到兼差或打工的工作。現在，日本的勞動市場還是以同時雇用應屆畢業生[7]為主流，年輕人雖然有機會被雇用為正職，但大家都知道，隨著年紀的增長，就愈難以正式職員就職。

因此，便會出現在老家和父母同住，不足的生活費再以父母的存款和年金來補足這種情形。甚至還有雖然父母已經去世，但子女隱瞞事實，繼續領取父母的年金這種例子。由此可知，不依賴雙親就無法生活的年輕人正在不斷增加中。

註7：在日本，企業會以即將畢業的學生為對象，在同一個時間進行員工招募。

子女到「黑心企業」任職

有不少年輕人因為罹患憂鬱症而辭掉工作，待在父母家，變成繭居族。也經常看到雖然因為進到大公司而安心，但卻突然得到憂鬱症，無法工作，甚至連公寓的房租也付不出來的案例。

在這些事實的背後，是以「黑心企業」為代表的惡劣工作環境。在這樣的狀況下，因為長時間工作造成身體和精神狀態失衡的年輕人不斷增加。

另一方面，很多孩子不管有多痛苦都不跟父母商量，或者因為覺得丟臉而說不出口，導致問題惡化，問題完全無法解決，只好回到父母家。

根據管理健康保險的全國健康保險協會表示，因為「精神障礙」而無法工作的傷病補助申請者近年不斷增加。一份全國資料指出，在疾病或受傷者中，精神障礙者的占比在二〇一一年超過二六%，增加為一九九五年（四．四五%）的六倍。

此外，一旦有精神障礙，治療期間會變得很長，很難再度回到職場，所以，心理健康策略是非常重要的課題。

關於這些人，如果無法馬上找到工作，也有重新進入大學或接受職業訓練等選項，但這些都要花錢。治療憂鬱症的醫療費等生活費之外的巨額花費，都是本人或家人要面對的問題。

一般水平的厚生年金，充其量也只夠兩名高齡者生活。如果有需要扶養的子女，便可能徹底打亂原有的生活計畫。

特別是團塊世代，有很多人都為子女的問題而煩惱。現在，三十五歲到四十多歲的人之中，工作貧窮的問題和繭居族開始明顯增加。這個被稱為團塊二世的世代，因為「啃老族」（parasite single）這句流行語而聞名。

但是，請大家不要誤會，在這個現象背後有著被稱為「失去的二十年」的景氣低迷，以及非正職人數的增加等「雇用問題」，絕對不是當事人的問題。

老家變成「沒有柵欄的監獄」

像這樣父母和孩子共同生活的方式，堪稱是進入「沒有柵欄的監獄」。年輕人雖然「很想離開家裡」，卻因為薪水很少而無法自立。另一方面，父母雖然也希望子女離家，但因為了解子女處境艱難，所以無法強制要求。「希望子女早點離開家裡」的父母，和「沒地方去」的子女，雖然對彼此不滿，卻被綁在同一個家。在新聞報導中也經常看到，因為長期住在父母家而壓力破表的年輕人拿刀刺傷父母或親戚的傷害事件，我們必須認真面對這些問題背後的原因。

為了不讓這些痛苦的年輕人再增加，必須認真處理雇用政策並改善工作環境，如果不這麼做，往後還會製造出更多可能變成下流老人的高齡者，下流老人的問題不是只靠高齡者政策就可以解決的。

〈模式4〉不斷增加的熟年離婚

第四個模式是「熟年離婚」。

在我的生活諮詢經驗中，這一類的個案急速增加。或許有人無法想像，離婚是如何和高齡者窮困產生連結？

如果離婚夫妻中，丈夫是上班族，妻子是專職的家庭主婦，男性可能會碰到預想之外的經濟問題。因為除了贍養費之外，如果子女尚未成年，他還必須支付扶養費，而且，收到的年金金額還會因為家庭生活的貢獻度而折半。因此，除非增加收入，否則生活品質就必須大幅往下調整。

近年，熟年離婚之所以會不斷增加，也可以從這一點來解釋。

雖然現代社會依然是男性的地位較高，但日本自一九八六年開始實施男女雇用機會均等法之後，女性踏入社會的人數明顯增多，現在，「男主外，女主內」已經不是日本最普遍的家庭模式。除此之外，離婚率也出現變化。

根據厚生勞動省的「平成二十五年人口動態統計月報年計（概數）之概況」（二〇一三年），結婚二十年以上熟年夫妻的離婚件數，一九八五年為兩萬四百三十四件，但二〇一三年卻大幅增加為三萬八千零三十四件。

這令人驚訝的數字除了是因為女性在經濟上變得比較可以獨立，也可說是過去不得不拚命壓抑對丈夫的不滿，在照顧子女的工作告一段落的高齡期，一口氣爆發出來的結果。

現在的高齡者都是認為「結婚乃理所當然之事」的世代。不管自己的想法如何，很多人應該都是因為相親或周圍人的推薦而結婚的。終生未婚率也不像現在這麼高，結婚，就某種意義來說，是一種「常識」。

而且，一旦結婚就不太可能離婚，不管發生什麼事都要咬牙忍耐的價值觀根深柢固。此外，因為女性沒有機會踏入社會，經濟上很難獨立，所以必須仰賴丈夫的經濟能力來生活。這或許是自古以來一直是父系社會所造成的影響。

但是，隨著時代的變化，社會大眾對於結婚和夫妻相處模式的價值觀有了很大的轉變。年近六十之後，有意或無意吞下的不滿一口氣爆發出來，特別是女性，有很多人積極尋求離婚。這或許可說是「進入高齡期，開始發現自我」的狀態。

而加速這件事的就是要求贍養費、財產分配，以及按比例分配年金的離婚判決。我認識的一名律師說，最近經常出現共享老後資產的判決。在過去的歷史中，女性總是受到欺侮，相對於此，因為審判的判例不斷累積，所以也變得更加公平。

再加上女性律師增加，家庭暴力或精神虐待（Harcèlement moral）等過去無法提出、造成討論的問題，或是被迫忍耐的現象，現在都被視為嚴重問題，在這幾年都獲得要提出金錢賠償的判決。

在離婚官司中，支付給女性的資產金額應該和男性一致的觀念愈來愈普遍。希望大家不要誤會，我並不是說「對男性（丈夫）而言，在社會上生活變得很辛苦」。當然，妻子完全不必忍受痛苦和壓力，或者即使遭受暴力也要忍痛和丈夫一起生活。或者應該說，我希望能夠進行男女平等的贍養費、財產分配和年金分配。

如果知道資產可以按照一般方法分配，女性自然不想和除了薪水之外沒有其他價值或魅力的男性一起生活，只想盡快逃離丈夫，好好地享受剩餘的人生。

熟年離婚的盲點

不過，這件事和一般離婚的風險並不相同。不管是丈夫還是妻子，都必須知道熟年離婚所帶來的風險。

比方說，如果真的離婚，年金的給付金額會出現什麼變化？

過去，如果丈夫是上班族，妻子是家庭主婦，付給過去由丈夫扶養的妻子的金額，就會比加入厚生年金保險的丈夫還要少。

但是，最近大家開始認同「無薪工作」這個概念，也就是說，丈夫之所以可以專心工作賺錢，乃是因為背後有妻子的支持，亦即有著家事和育兒這些不用酬勞的「看不見的勞動」，年金開始得以公平分配。

因此，如果兩人每個月的年金收入合計是三十萬日圓，因判決或調停，判定勞動比例各占一半，離婚後的給付金額就是一個人十五萬日圓（不過，年金的分配金額各有不同，無法一概而論）。

需要注意的是，一旦離婚，兩個人當然就會各自屬於不同的家庭，房租、水電瓦斯費等固定支出就必須個別支付。也就是說，雖然收入減少了，但支出並沒有減少太多，所以無法維持和目前一樣的生活品質。

而且，就像剛剛舉的例子，如果一個月的年金給付額是十五萬日圓，只要沒有存款，就會馬上符合「生活保護基準」。在同一個家庭，兩個人共用三十萬日圓來生活，和分別在不同的家庭以十五萬日圓來生活，意義完全不同。

此外，高齡者自己的想法和價值觀也會造成問題。尤其是團塊世代，他們是高度經濟成長期的中流砥柱，也是受到最多泡沫經濟恩惠的世代。消費這件事被視為一件好事，也有很多人把金錢和時間花在興趣上面。

來找我們諮詢的人當中，有不少人一直在股票上市的企業工作，光是住宅和座車的費用一個月就要十五萬日圓。但是，一旦陷入貧窮，如果不徹底改變這樣的價值觀，便會身陷泥沼、無法脫身。

這個時候，就必須有理財顧問和律師介入，從專家的角度重新擬定生活計畫。接受諮詢者多半是「丈夫」，理由相當清楚，因為他們的生活能力明顯比妻子還要低。沒有在做家事的男性高齡者在飲食和日常生活上，並沒有節約的概念。

如果丈夫一味埋首工作，太太一定會跑掉

以我到目前為止看過的個案來說，很多妻子都可以用一個月十五萬日圓的生活費來過活，但這對丈夫來說幾乎是不可能的事。特別是比團塊世代更年長的階層，他們缺乏日常生活能力的程度令人驚訝。

一九九三年，日本的國中課程中，家庭科開始成為男女共同的必修課，而高中則是始於一九九四年。也就是說，在這之前的人，特別是男性，並沒有機會公開學習家庭科中的家事和料理技術。因此，還是有許多男性高齡者一直抱持著「家事是女人做

的」的想法。

所以，當看護工到家裡進行生活支援時，有些男性甚至會把他們當傭人使喚，這些事他們過去應該都是交給妻子來做。

所謂家事和烹飪等日常生活能力很低，不單只是「不擅長做菜」或「不會摺衣服」這種程度的問題。不會做飯的話，就只能買現成的小菜或是外食，當然會營養不良。而且，因為不會打掃，所以生活環境很容易變得不衛生。

如果這樣的狀況持續不斷，就很容易生病，醫療費也會增加。再加上因為沒有節約概念，所以無法負擔水電瓦斯費。也就是說，在獨自生活，而且又沒有生活能力的狀況下，如果不支付和夫妻一同生活時差不多、甚至更多的飲食費、水電瓦斯費和醫療費，就無法維持生活。

為了不陷入這樣的狀態，首先要做的就是不離婚，也不要被要求離婚。特別是過去一味埋頭工作的人，更需要注意。

男人必須拋棄「只要工作賺錢就好」這種傳統觀念，改變在家裡扮演的角色。在邁入高齡期之前，將重心慢慢地從工作轉移到家庭，不管就精神面或經濟面來說，最重要的是要和妻子針對「繼續一起生活」仔細討論之後再做決定。這樣的觀念已經逐漸滲透到年輕世代，分擔家事和育兒工作對維持夫妻生活來說是不可或缺的。

因離婚導致夫妻雙方下流化的個案不斷增加。

在與他人的關係逐漸疏遠的現代，我們必須再度確認「有伴侶」這件事的價值。

〈模式5〉罹患失智症，身邊也沒有可依賴的家人

現狀篇的最後，要講的是關於失智症的問題。

現在，因為高齡期延長，罹患失智症的可能性也相對提高。

一聽到失智症，或許大家馬上就會聯想到家人等「照護者」的負擔。當然，這些負擔是很大的，但當罹患失智症的高齡者不得不一人獨居時，還會受到完全不同種類的威脅，那就是詐騙等犯罪行為。

最典型的就是「電話（轉帳）詐騙」。

根據警察廳表示，二〇一四年的特殊詐欺受害總金額達五百五十九億日圓，相較於二〇一三年，增加了十四%。連續五年持續增加，受害金額不斷刷新過去的最高紀錄。雖然全日本各地不斷擬定特殊詐欺的預防策略，也不斷逮捕犯罪集團，但還是無法有效遏止。

轉帳詐騙的受害案例之所以會非但沒有減少，甚至還逐年增加，不只是因為詐騙方式變得更巧妙，也不能忽視罹患失智症的高齡者增加這個因素。

根據日本厚生勞動省公布的「需要有人保護或協助的失智高齡者人數」，平成二十二年（二〇一〇年）約有兩百八十萬人，若連還沒被發現的輕度失智症者也一併列入計算，人數還會增加。今後，失智人口預計還會持續上升，二〇二〇年估計約有四百一十萬人，到了二〇二五年可能約有四百七十萬人[8]。

失智高齡者的最大問題是自己很難發現症狀。

初期的失智高齡者，只要醫師或社會福利專家一看，馬上就可以判定，但極少能

增加的失智高齡者與其比例

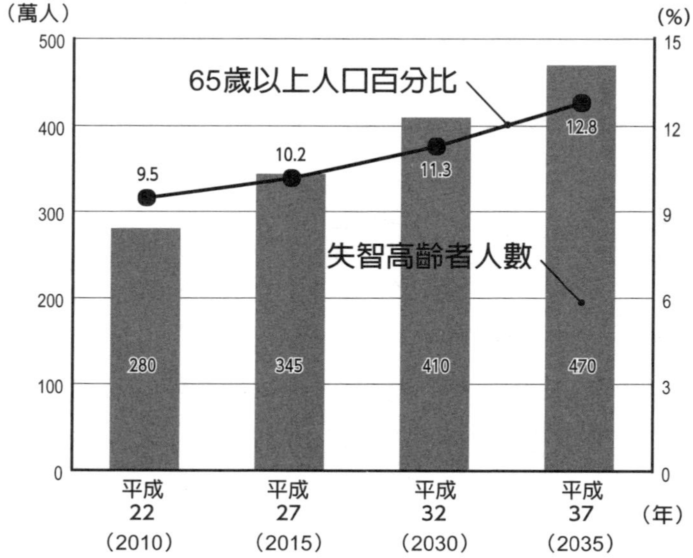

資料來源：日本厚生勞動省 「有關失智高齡者人數(平成 24 年 8 月」(2012 年)

＊這裡的失智高齡者，不包括「雖然罹患失智症，但幾乎可以自立的人」。

由自己發現。就算周圍有協助的人，如果只是健忘的情況多了一點，有時就會無法發現症狀。所以，若是一人獨居，情況就會更加嚴重。

事實上，儘管已經在醫院接受檢查，醫生也判定他罹患失智症，但幾乎所有來接受諮詢的失智症患者還是會逞強地說：「什麼失智症，我腦筋清楚得很！」

這個時候會逮住機會趁虛而入的，就是剛剛提到的轉帳詐騙等的犯罪集團。只要巧妙地編個理由，讓對方相信兒子現在陷入困境，就可以很輕鬆地拿走高齡者的部分或所有財產。雖然有關單位經常提醒：「匯款前要跟本人確認。」但是，連需要注意這件事都忘記了，或者連這件事都沒想到，就是失智症的症狀。

特別是高齡者自己管理金錢的時候，更需要注意。除了轉帳詐騙，還有傳教、高

註8：台灣失智症總數依衛福部二〇一一年統計為十九萬人，占總人口數的〇．八四%，據台灣失智症協會資料，推估，十五年後，失智症人數將逾四十七萬人，屆時每一百人中有二位失智，二十五年後失智人口將逾六十八萬人，平均每一百人中將有三位失智。在未來四十餘年中台灣失智人口數將以平均每天增加四十人的速度成長。

價棉被或化妝品的推銷販售，以及居家改建等，多不勝數的企業和犯罪集團利用各式各樣的方法，從高齡者手上詐騙金錢，等到他們發現時財產幾乎都被騙光了。

失智症＋一人獨居＋惡質業者→下流老人

我實際見過的案例中，有位高齡者的家，在滿滿都是垃圾的房間中，高高堆疊著三、四床全新的羽絨被。這顯然是瞄準失智獨居老人下手的惡質業者幹的好事。

針對失智高齡者的詐騙行為之所以惡劣，在於他們不僅利用老人家的理解力變差這一點，更狡猾地利用高齡者的寂寞和自尊心。就算只是為了推銷，如果有人願意在孤單的生活中和他們說話，這些高齡者不知道有多開心。有很多高齡者一整天都沒有跟任何人說話，只是一味地看電視。一年之中，親戚只來造訪幾次的高齡者家庭也不在少數。

惡質的登門推銷就是看準了這樣的心靈缺口，讓高齡者購買沒有用，或是好幾件完全相同的商品。

推銷員只要看看屋裡的狀況，再跟高齡者講幾句話，就可以大概知道對方得了失智症。即使如此，還是不斷有人來推銷商品，打算騙光高齡者的所有財產。這種業者一定會說：「當事人同意才買的，應該沒關係吧！」但他們不可能看不出當事人顯然沒有正常的理解能力。

而且，讓事情變得更複雜的原因是，高齡者自己說：「（即使對方是以欺騙為目的）因為有人願意聽我說話，也很開心。」就算受到傷害也原諒對方，沒有提出受害申訴，或申請權利救濟。

這聽起來或許就像電視劇一樣，但在社會福利工作的現場，這樣的事件稀鬆平常，這就是現實。

失智症之所以可怕，不單是記憶變得模糊這個症狀，如果是「失智症＋一人獨居」或「失智症＋惡質業者」這樣的組合，就可能不斷發生預想之外的事件。

當然，隨著年紀的增長，每個人的大腦機能都會退化。

如果以年紀為基準來看失智症的罹患率，根據調查結果，七十四歲之前失智症患者雖然不到一〇%，但八十五歲以上者則超過四〇%（厚生勞動省研究班　代表者・朝田隆筑波大學教授「都市內失智症罹患率與失智症的生活機能障礙對策」二〇一三年）。

也就是說，如果活得很久，遲早會罹患失智症。因此，必須將財產清楚分配，事先建立不會輕易簽訂契約的系統。必須在「每個人都會罹患失智症」這個假設下，進行高齡期的準備。

就像這樣，也有一種模式是，雖然以為自己已經很小心了，但還是可能因為犯罪或消費者受害的牽扯，而導致成為下流老人。

專欄1

當錢都用光時，延命裝置的開關也會跟著關上嗎!?

一九七二年，有吉佐和子先生發表了一部長篇小說《恍惚之人》，探討失智症和照護福利的問題。當時剛剛步入高齡化社會，高齡化比率約為七%。不過，這時的平均壽命是七十至七十五歲（一九七〇年），一旦臥床不起，很多人都會馬上死亡。

但是現在，醫療技術高度發展，延命治療也已經普及。而且，有報告指出，日本高齡者臥床不起後的壽命比國外來得長，男性約為九年，女性約十二年，許多人無法乾脆地死去，醫療費不斷增加。

其中，最令人煩惱的是，是否要繼續進行「延命治療」。

比方說，成為植物人的高齡者沒有收入也沒有存款，也沒有加入任何民間保險，就算使用高額醫療補助，沒有止境的醫療費也會對家人造成極大壓力。一旦當事人無法支付醫療費時，要延長壽命到什麼程度，就全交由家人來決定。

無法支付醫療費這個現實問題，直接成為攸關性命的問題。根據財產的有無，高齡者可以活下來，或是必須死去，被迫做出選擇的機率愈來愈高。

我認為，生命的選擇和財產無關，應該在當事者和家人仔細討論之後再做出決定，而且非得如此不可。但是，未來或許有一天還是會迫不得已要說：「因為已經沒有錢了，請放棄治療吧！」

【不久的未來篇】

「總計一億人的老後崩壞」時代

在前面的章節，我說明了社會現狀中，高齡期貧窮化的危險和模式。

但是，貧窮化並不是步入高齡期或接近高齡期時才有可能發生的問題。現在逐漸變得明顯的高齡者貧窮化，只不過是從現在開始即將展開的地殼變動的序曲，而這也是我撰寫本書的理由。

所以，從現在開始，倒不如將焦點鎖定在「將來」。對現在還在工作的人來說，將來或許才是「與自己有關」的事。

在年輕時期或青年時期，到處都可以看到逐漸貧窮化的人。我們必須知道，在即將步入超高齡社會的日本，只有極少數的一群人能夠擁有許多人想像中的「安穩老後」。

從現在開始，我要將焦點從高齡者世代轉移到現在仍在工作的世代，針對在「不久的將來」，許多人都可能淪落為下流老人的危機進行說明。現在還在工作的世代處境將更為艱困。

能夠拿到的年金可能變少

首先是年金問題。一旦步入高齡期、從職場退休，收入自然就不得不倚賴「年金」。但實際上可以拿到多少年金呢？

根據日本內閣府的「平成二十六年版高齡社會白皮書」（二〇一四年），許多人都認為，自己將來可以拿到的年金金額是「一個月十萬至二十萬日圓」。其中，最多的是「十萬日圓左右」，占十九・八％，其次是「十五萬日圓左右」，占十九・一％，認為可以拿到「二十萬日圓左右的」占十六・二％。

這些答案都算正確，事實上，大多數的高齡者世代都必須用不到二十萬日圓的錢來生活。也就是說，現在還在工作的世代一旦成為高齡者，大部分人只能拿到「相對貧窮」階層或相當生活保護基準的年收入[9]。

比方說，現在（二〇一五年）六十五歲的人，在二十到六十歲的四十年間（四百八十個月）都支付厚生年金保險費，如果他的年收入超過四百萬日圓（約為現在薪資所得者的平均年收入），平均月收入為三十八萬日圓，一年的給付金額就是一百九十八萬日圓，換算下來，每個月只能拿到十六萬五千日圓[10]。

如果收入不到這個數字，情況又會如何呢？若四十年間的平均薪水是一個月二十五萬日圓，一年的給付金額便是一百五十七萬日圓，一個月只有十三萬日圓（筆者根據日本年金機構的標準約略計算）。

簡而言之，就算可以拿到一般水準的薪水，「老後能夠拿到的年金金額一個月還是不到二十萬日圓」。而且，領取年金者還必須支付稅金和保險費，實際拿到手的金額還會少個幾萬塊。

或許有人認為，若是一人獨居，一個月可以拿到十四到十五萬應該夠了。但是，二十多歲的十五萬日圓和七十多歲的十五萬日圓意義完全不同。一如前述，一旦步入

註9：依據二〇一四年衛生福利部出版的老人狀況調查報告，台灣六十五歲以上老人每人平均每月「可使用」的生活費為一萬二千八百七十五元。而台灣二〇一五年時核定為低收入的標準，在所得部分，台灣各縣市為每人每月平均所得一萬零八百六十九元，台北市為一萬四千七百九十四元。

註10：以月平均收入三萬六千元者（約為二〇一五年時台灣的平均月收入）為例，如果連續二十五年都有繳交勞保費及六％的勞工退休金，退休後若是按月請領，每個月領到的金額應不足二萬元。

每個家庭的高齡期認為可以領到的年金金額

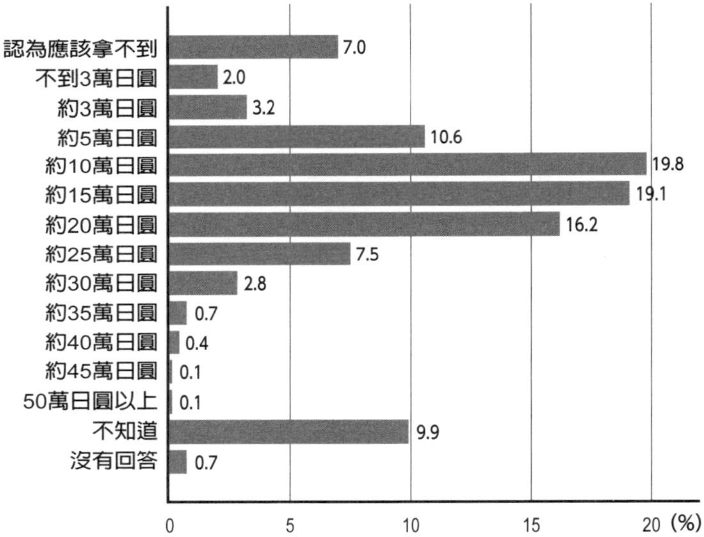

資料來源．「平成 26 年版高齡社會白皮書」（2014 年）
＊調查對象為 35-64 歲的男女

高齡，極有可能遭遇到預想之外的問題。

況且今後，為了讓年金制度能維持下去，年金的支付金額很可能會變少。

即使如此，現在大家對日本的年金制度依然很有信心。

根據「平成二十六年版高齡社會白皮書」（二〇一四年），有超過八成的人打算以「公家支付的年金」來維持高齡期的生計。其次，「使用存款或退休金的人」大約占四六．二％，「利用自己的薪水相關收入的人」約為四五．六％，使用民間的個人年金者約占一五．二％。現在的日本社會對年金的依賴度非常高。

但實際上，一如第二章中所提到的，有許多光用年金無法生活的人前來接受諮詢。

高齡者的貧窮會直接導致死亡。一天只能吃兩餐，陷入營養不良狀態的人並不罕見。有些人在生病時，會猶豫是否要到醫院就診，直到病情惡化後才去看醫生。到這些人的住家進行訪視時，甚至可以發現有人因為拿不出住宅修繕費，無法處理牆上、天花板或窗戶上的破洞，生活在風不斷從縫隙中吹入的惡劣環境中。一如前述，這些人絕對不是沒有年金，他們都可以領到固定金額的年金。

對將來領取的年金金額可能會減少的現在仍在工作的世代而言，我們可以說，光是依賴年金，已經幾乎無法維持正常生活。

若年收入在四百萬日圓以下，貧窮的風險很高（「總計一億名下流老人」的時代終於來到）

一九六〇年，池田內閣推動的「所得倍增計畫」，讓每一個家庭的生活水準都有所提升。一九六八年日本的國民生產毛額（GNP）達到世界第二位，打造出「總計一億人的中產階級」。

當時的社會，隔壁家有的東西，自己家裡當然也一定會有，也就是所謂的「新三種神器」（彩色電視、冷氣、汽車）非常普及的時代。

現在，這總計一億人的中產階級「意識」尚未崩解。二〇一四年六月實施的「國民生活相關輿論調查」（日本內閣府）顯示，男女皆有九成以上的人認為自己的生活屬於中產階級。

但是，我敢說這只是一個幻想。

從現在開始，日本社會再也沒有中產階級，有的只是「極為少數的富裕階級」和「大多數的貧窮階級」這兩種。有可能是因為隔壁家也和自己家差不多，所以覺得安心。所有日本人已經開始緩慢但確實地陷入窮困。

雖然有幾個指標可以測量自己的生活屬於哪個水平，但最簡單明瞭的應該就是年收入。根據日本國稅廳的調查，二〇一四年，民間企業的員工和董事去年一整年的平均薪資是四一四萬日圓（這裡指的是每個人的薪資，非每個家庭合計）。

但是，一如前述，若平均年收入是四百萬日圓，高齡期的生活很可能就只是「勉強剛好夠用」。

而且，我在前文說過，必須注意的是，年收入四百萬日圓只是平均值，而非中位數，是部分很有錢的人拉高了平均值。實際上，大部分人的年收入都比這個數字還

輿論調查「自己的生活水準屬於哪一個層級？」（單位：%）

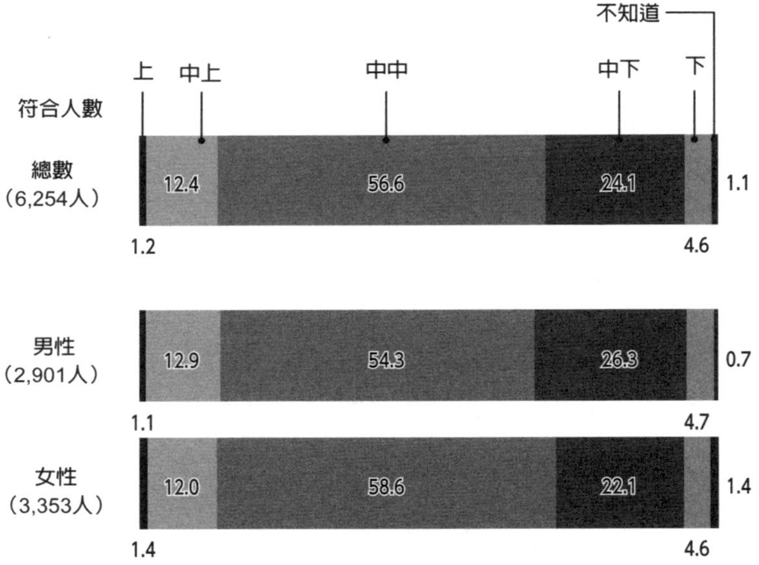

資料來源：日本內閣府 「平成 26 年度國民生活相關輿論調查」（2014 年）

低，以低於四百萬日圓的年收入來生活的勞動年齡非常多，甚至可說占了大多數。

巨大貧富差距所造成的現象

像這種因為前幾名的少數幾個百分比擁有極高所得而造成的「財富集中化」，不只日本，也發生在其他先進國家。

二〇一四年五月，OECD發表了「過去三十年前一%的所得比例推測」根據這份資料，前一%的人的所得占比，若將一九八一年與二〇一二年相比，美國從八·二%上升到二〇%，日本也從七·五%上升到一〇%。簡言之，在美國，全部的勞工所得中，前一%的人所得便占了全部的二〇%，在日本，則占了一〇%[11]。

另一方面，在美國，最後一〇%的人的年收入所占比例，從二〇〇〇年開始八年

註11：根據二〇一六年一月中研院院士朱敬一與胡勝正主持發表的台灣版貧富差距調查，台灣前一%所得者占全國總所得比例，已從六%竄升至一〇·八五%，比日本還要高。

前1%的所得占比（1981年→2012年）

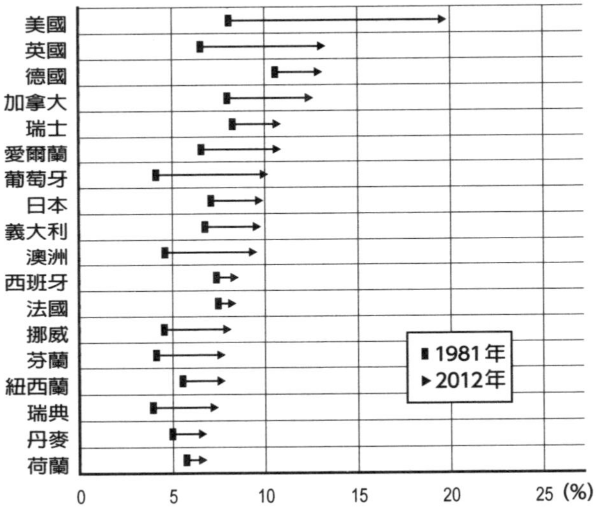

資料來源：OECD “Focus on Top Incomes and Taxation in OECD Countries: Was the crisis a game changer?”（May 2014）

之間，減少了約一〇%。也就是說，雙向的貧富差距正在擴大。

雖然不如美國顯著，但日本今後的貧富差距顯然也會愈來愈大。而且，若光是靠著現在這種按照仍在工作時期的收入比例來支付厚生年金的機制和國民年金，應該會無法生活。

在分化成極少數富裕階級和大多數窮困階級的社會，以平均年收入來評量自己的生活水準已經不具任何意義。完全不能因為自己屬「一般」範圍，就感到「安心」。

過去和現在的四百萬日圓，價值完全不同

不過，只是列出將來的年金支付金額，許多人應該還是沒有什麼概念。或許大家會認為，現在過著一般生活的高齡者，有許多人在工作時期的年收入還不到四百萬日圓，而且也沒有足夠的存款。

但是，現在「年收入四百萬日圓」的意義，和以前完全不同。從結論來說，是因

為以前各種不同形式的「看不見的恩惠」，現在完全都不見了。

比方說第一章提到的，今後幾乎不可能由子女來照顧父母，由家人支援高齡期生活。

就像之前看到的，六十五歲以上的高齡者與子女同居的比例，從昭和五十五年（一九八〇年）的七成，下降到平成二十四年（二〇一二年）的四二·三%。而且，高齡者獨居的家庭正在不斷增加。

特別是曾經和高齡的父母同住的人，對自己的老後生活容易抱持相同的想像。但是，他們已經慢慢失去老後和子女一起生活這個選項。

從現在開始，高齡者獨居的情況將日益嚴重。因為無法寄望家人的協助，只能以年金、其他收入或存款來尋求獨立生活之道。

另一種「失去的恩惠」是豐厚的企業厚生福利。比方說，以前除了以現金支付的薪水之外，許多企業都會提供住宅補助（員工宿舍）或其他各種津貼。如果沒有這些津貼，就找不到員工。

但是，因為現在的經濟不景氣和雇用環境的變化，這些生活福利都被刪除了，年終獎金和退休金的金額也明顯減少，甚至消失了。

比方說，根據東和銀行經濟研究所針對往來的中小企業所進行的問卷調查，「不支付」平成二十六年（二〇一四年）冬季年終獎金的企業有二八・四%。

而且，根據大阪城市信用金庫的調查，大阪府內的中小企業，「不支付」二〇一四年夏季期中獎金的企業增加為四〇・六%。若考慮到大多數的勞工都在中小企業工作，這樣的情形可說是非常嚴重。

四成家庭幾乎都沒有老後的生活資金!?

這些獎金的消失，會對生活造成極大影響。

其一是存款金額。根據二〇一四年總務省統計局「家計調查報告（存款・負債編）」，現在正在工作的「勞工家庭（兩人以上的家庭）的平均存款金額是一千兩百九十萬日圓」。或許大家會覺得這個金額比想像來得多，但這也是平均值造成的錯覺，因為中位數為七百四十一萬日圓[12]。

若以一百萬日圓為單位作為間隔，以比例來說，最多的是「不到一百萬日圓」，占十二・四%，「不到五百萬日圓」的家庭占全體的三九・五%。光看這兩個數字就可以知道情況非常嚴重。雖然無法一概而論，但如果存款不到五百萬日圓，進入高齡期之後，貧窮的危險相當高。

以前，就算不用掉所有的薪水也可以生活，但現在，如果不用掉大部分薪水就無法生活。再加上員工宿舍和住宅津貼等企業提供的保健福利變少了，維持生活的所需成本每年不斷上升。

此外，特別是在都市地區，若沒有行動電話或電腦，不便之處愈來愈多。以網路為中心的基礎建設，也以「每個人都擁有載具」為前提，加以系統化。如果不購買這些商品，就無法過一般的社會生活。原本，生活的文化水準一旦提升，年收入也必須相對提升，但現實狀況並非如此。

而且，根據日本銀行資金循環統計（二〇一四年第四季速報），國內的金融資產合計金額為一千六百九十四兆日圓（二〇一四年），其中大部分為六十歲以上高齡者所擁有。現在的高齡者因為高度經濟成長，同時也具備累積資產的有利條件，堪稱是極度蒙受恩澤的世代。也就是說，現在的高齡者應該比即將成為高齡者的青年階層更為富裕。

即使如此，我們還是必須對已經開始貧窮化的嚴峻現實抱持著危機感。

非正式雇用會直接造成貧窮化

更嚴重的是非正職者。二〇一四年，非正式雇用人口占日本國內總勞動人口的三七·四%。相較於二十年前的二〇·三%，大幅增加。

註12：根據二〇一三年台灣行政院主計總處《國富統計報告》，台灣每家庭的國內金融性質資產淨額（含存款、證券、保險等）為六百一十九萬元。

非正式雇用原本是為了讓口譯等需要高度專門技術的人，以自由業的身分承包工作而實施的。後來，從極專業的工作慢慢擴大，現在已變成一般的工作方式。

擴大幅度最大的是二〇〇〇年。當時「自由工作者」這個字眼十分流行，被年輕人廣泛使用。當時，「自由工作者」是一種自由嶄新的工作方式，被認為「很酷」，賦予了它正面評價。但事實上，大家都知道，光是讓企業降低人事費用，就成了擴大貧富差距的主要原因。

我想應該有許多人都感受到了，非正式雇用的最大風險是沒有加入厚生年金和社會保險，能夠得到的保健福利很少。因此，如果長期處於非正式雇用狀態，大部分人老後可以領取的，基本上就只有國民年金。而且，也沒有正職員工才有的年終獎金、加薪和退休金。「賺取的薪水」＝「現在的生活費＋老後生活基金」，所以十分容易淪於貧窮化。

非正職員工的收入，只有正職員工的三分之一!?

比方說，同樣是「年收入四百萬日圓」，有投保厚生年金保險的人和只有國民年金的人，兩者領取的金額有多大差距呢？

試著實際計算之後會發現，非正職者大概只能領到約七十八萬日圓的國民年金。第一章中提到，首都圈獨居高齡者的生活保護費一年大概是一百五十萬日圓，大部分人都不可能以約七十八萬日圓度過一年。

而且，非正職員工與正職員工（加入厚生年金者）相較，老後的年金一年約有一百一十萬日圓的差距。假設從六十五歲開始又活了二十年，就差了約兩千兩百萬日圓，三十年的話就差了三千三百萬日圓。

即使年收入一樣，是否加入厚生年金，會讓老後領取的年金金額產生極大差距。反過來說，如果沒有加入厚生年金，意味著工作時就必須存下相當於年金金額的錢。

就算是可以達到日本平均年收入的正職者，貧窮化的風險也是很高，就更不用說是非正職者了。

在非正職者占了約四〇%的社會，這樣的收入差距已經不是單單一句「是自己的責任」可以解釋。

而且，雖然大家都主張以「提升經濟成長」來改善這樣的雇用問題，很諷刺的是，國家的資料便足以證明，並非經濟成長就可以減少非正式雇用，也不是大幅增加正職員工，就可以讓所有人都得到幸福。

根據財務省「法人企業統計調查」，企業的累積盈餘（指狹義的保留盈餘）有增加的傾向，一九八八年超過一百兆日圓，二〇〇四年是兩百兆日圓，二〇一二年超過三百兆日圓，二〇一四年九月破紀錄地達到三百二十四兆日圓。

無關景氣好壞，企業都持續儲存保留盈餘，企業擁有的現金和存款依舊很多。這麼一來，利益無法分配在投資或人事費用上，金錢只會流向部分的人和企業。

但主張「讓富裕階級變得更富有，窮困者的生活自然也能夠得到改善」的下滲經濟（trickle-down）政策[13]無法改善貧窮問題。今後，企業賺得的利益應該還是會變成保留盈餘吧。

但事實上，企業應該可以將利益分配到人事費用上。因此，不管是正職員工或非正職者，都應該針對完全沒有提升勞動條件和薪資這一點，團結一致地向企業或經營者要求改善。

退休、成為高齡者之後，才開始思考「現在開始該怎麼辦？」就太遲了。趁早提出要求，努力改善環境，乃當務之急。

未婚率升高，會讓未來的獨居老人變多

最後還要再補充一點，年輕世代未婚率的上升，也會提高將來貧窮化的風險。

註13：下滲經濟學（trickle-down Economics，又稱涓滴經濟學）的主張認為，政府為富人階級減稅並提供經濟上的優待，可以改善整體經濟，最終可使得社會中貧困階層的人民也得到生活上的改善。該主張反對以徵稅手段來減少社會中的貧富差距，也往往反對對貧窮階層進行社會救助。

根據日本國立社會保險・人口問題研究所的「人口統計資料集（二〇一四）」，一九六五年的「終生未婚率」非常低，男性為一・五〇％，女性為二・五三％，但是，到了二〇一〇年，男性的終生未婚率上升到二〇・一四％，女性則為一〇・六一％，也就是說，男性五人中有一人，女性十人中有一人不婚[14]。

終生未婚率的提高，也代表著因為經濟上的理由，不（無法）結婚的人增加了。有不少年輕人都認為「我已經不可能結婚了」，放棄組織家庭。

此外，即使結婚，因為長時間工作且薪水很低，又或者是因為對未來感到不安、感受到巨大壓力而爭執不休，最後導致離婚的案例也增加了。

在【現狀篇】，說明了失智高齡者孤立的危險性，不組織家庭，老後被社會孤立的風險也跟著變大。

而且，我們也沒有料想到社會上終生獨自生活的人會變這麼多。我們的社會福利和社會保障，是以家庭為單位打造所有制度，都是在有家人的前提下，才能完全發揮功能。成為獨居老人後，過去的制度是否能夠發揮照顧的功能，還是個疑問。

專欄2

被父母留下的房產殺害!?（空屋問題）

當住在鄉下的父母去世或是住進安養院，老家呈現空屋狀態時，父母留下的住宅和土地等固定資產，有時反而會讓子女的生活陷入困頓。

目前這一類的諮詢不斷增加。平成二十五年（二〇一三年），日本全國的空屋約有八百二十萬戶，空屋率達十三．五％。相較於二十年前多出三百七十萬戶，增加了將近一倍（根據總務省統計局的調查）。

老家雖然沒有人住，但並不表示不需要花錢。管理、維修費加上固定資產稅，有時一年需要花上五十至六十萬日圓。若棄之不顧，有可能雜草叢生、長出害蟲，對鄰居造成困擾。即使打算拆除，也必須準備數百萬日圓的拆除費，工程才有辦法進行。

註14：根據行政院主計處調查，台灣二〇一三年時十五歲以上女性的未婚率為三二．五五％。

再者，就算拆除，把它變成空地，也會增加固定資產稅的負擔。而且，即便變成空地，也不見得會有買家。結果，不得已只好置之不理。這樣的固定資產被戲稱為「負動產」，會造成子女生活和精神上的壓力。

想脫手也沒辦法的「不良資產」

很多家庭沒有餘力每年支付閒置土地的維護費，但要放棄從祖先手上繼承的土地，也會讓許多高齡者感到抗拒或有精神上的壓力。

而且，讓問題變得更嚴重的是，「一旦擁有（生活中沒有使用的）住宅或土地，就很難接受生活保護」這一點。

和福祉事務所一起前往進行生活支援時，我經常遇到在鄉下擁有土地和建築物，卻滯納固定資產稅等費用的高齡者或子女。即使是以前以高價買下的土地，現在的地價也大幅下滑。就算價格很便宜，也還是找不到買家，無法脫手。

比方說，一名由我協助申請生活保護的六十八歲男性便表示：「我在鹿兒島縣有一小片土地，如果值錢那倒也罷了，但因為還有一間空屋，想要把它處理掉也無能為力。土地長滿了雜草，雖然有請人來除草，但也只是一個需要花錢除草的屋子。」

這名男性去世後，預定由外甥和親戚繼承。

像這種堪稱「不良資產」的問題，從現在開始應該會逐漸浮上檯面。

希望大家理解，往後，過去被視為「資產」的東西，可能都會變成「負債」。

第四章

被「努力論」、「責任在己論」謀殺的那一天

被棄之不顧的下流老人

前面的章節已詳細描述日本高齡者貧窮化的進展。很明顯地，這樣的情形以後還會持續增加。

儘管如此，不知道為何大家還是沒有採取任何對策。

這背後潛藏著我們都「沒有自覺」這個問題。

比方說，大家都不認為「無法自立」或「依賴他人或地區」是一件「不好」的事。而且，當所有人都有可能成為下流老人時，還是覺得「自己應該沒問題」。這樣的意識，讓下流老人問題更加惡化，也讓自己陷入看不到未來的狀態。

本章的結論是，要改善下流老人的問題，就必須改變我們自己的想法和價值觀。大家必須知道，我們的言行舉止會無意識地將下流老人逼到社會的角落。

因為無法努力而一無所有就該死嗎？

進行生活窮困者的支援行動時，我們每天都會收到各種不同的意見和回饋。「可以減少生活窮困者的劃時代偉大活動」這樣的讚美，以及「本來應該是政府或地方政府要做的事，卻由民間來執行，相當令人感動」等鼓勵，讓我們勇氣倍增、銘謝在心。而且，當直接聽到接受諮詢協助的當事人，對我們表達謝意的那個瞬間，更能讓人感受到進行支援行動的快樂和意義。

但是，很遺憾地，我們也聽到「應該拯救生活窮困者嗎？」、「有必要進行這樣的支援行動嗎？」這種否定的意見，甚至有人更直接要求我們停止這些支援行動。或者應該說，反對或否定意見壓倒性地多。這就是生活窮困者支援行動的現狀。

在否定意見中最常見的是，「會陷入生活窮困是當事人的責任，不用給予救濟，這只是在浪費國家的稅收」。自從展開此一服務之後，每一年都會聽到這樣的意見，甚至還有「這樣的人應該讓他們安樂死就好了」，或是「只要把人丟進收容所，強迫他們工作就好了」這種藐視基本人權和生命的殘酷主張。會提出這種想法的人，絕對不只是勤勞努力，擁有極高年收入的人，很明顯地，大部分都是「明天就可能陷入這種絕境」的人。

一開始我就強調，不管什麼原因，**「沒有任何人是該死的」**。他們不能因為窮困，就無端被社會奪去性命，強迫他們工作也缺乏正當性，貧窮並不是罪。

英國恐怖的「窮困者收容所法」

事實上在英國，十七到十九世紀時曾實施改正救貧法和勞役所考驗法（Workhousu Test）等，將許多陷入窮困狀態的市民送進收容所（勞役所等）。被送進收容所的人被迫在惡劣的環境中勞動。有人因為無法接受適當的醫療照護，染上疾病而死亡。

簡而言之，英國將「沒有生產力的人是社會的包袱、麻煩」當成政策來宣導，把窮困者當罪人對待。

剛開始，被送入這些收容所的人只有少數，但是符合收容標準的人不斷增加。每個人的工作所得多寡，嚴重受當時社會局勢的影響。當然，在不景氣或失業率高的時期，許多人都會陷入窮困。

即使如此，國家並沒有改變單方面訂定的貧窮標準，不斷將未達標準的人送進收容所。這樣的勞役所被稱為「恐怖之家」，後來，便開始出現由窮困者所主導，對不當政策提出的抗議或異議。終於，在經過長期討論之後，包括強制收容在內的這些政策終於被廢止。

如果在日本也實施這種封建時代政策，情況會是如何呢？

在相對貧窮率相當高、窮忙族不斷增加的現代社會，如果貧窮被當作一種罪，可能很多人都會被送進收容所，即使是現在批評生活窮困者的人也絕對不會例外。

原則上，行政須重視公平，因此基本上不接受例外。到時候，你再越級上訴，提出「自己不想去收容所，有沒有其他辦法」，或是「只希望自己的兒子和親戚不要被送進去」，也已經太遲。光是稍微想像一下就可以感受到其中的可怕。對生活窮困者，本來就會有根據不同角度所提出的各種意見，但我們至少應該知道，主張強制勞動的人若無其事地提出的主張，會導致侵害包括自己、朋友和身邊親友的權利。

救濟下流老人是在浪費稅收嗎？

我也在其他地方聽到這樣的意見：「因為國家沒有錢，只好請高齡者忍耐了。」的確，某些狀況不得不強迫高齡者自行負擔，之前，就有為了補助已持續高漲醫療費的問題，實施後期高齡者醫療制度等的先例。但是，這種主張的問題是，它依據的是「為了讓某人活下去，就必須讓某人死掉」這樣的菁英主義。

比方說，育兒津貼、經濟成長、醫療或年金等，每個人關心的領域各有不同，當然，許多人都會希望支付的稅金可以適當地分配在自己關心的領域，所以我們才會對政治家的貪污如此憤怒，對如不當領取生活保障費這樣的事件提出嚴厲批評，或許是率直且合理的行為。

但是，當這些議論加入了各種不同意見時，問題就出現了。比方說，當討論「如何才能消除政治家的貪污行為」時，一定會有人提議要刪減議員名額和薪資。同樣地，也有不少人主張要削減生活保護制度的預算。

這些意見乍聽之下或許都很正確。但是，希望大家思考一下，這些削減還會造成什麼樣的影響。如果議員名額遭到刪減，民意代表就會減少，政治或政策或許就無法反映少數人的意見。經常有人說，如果減少議員的薪資，優秀的人就不想參選；如果降低生活保護基準，所得稅的課稅最低標準（課稅的最低所得）和孩童就學支援制度的標準也會跟著下降，而讓貧窮擴大。

簡而言之，這個國家的種種社會問題，特別是關於貧窮的問題，就像蜘蛛網一樣，與各個面向都有所牽連。因此，基於「與其支援下流老人，更應該提升對孩子的支援」，或是「因為還有其他重要政策，只好請他們忍耐」這種片面情感的二擇一主張，不只沒有意義，也可能會讓社會整體的貧窮問題變得更加嚴重。

我並不是說其他政策不重要。但因為手上的牌有限，我認為必須冷靜且客觀地比較所有政策的優先順序，同時思考該如何擬訂下流老人政策。但是，如果被別的事把手上的牌全部搶走，遊戲本身就無法成立。應該將預算以什麼樣的規模、用哪一種方式投入？又應該採取什麼樣的解決方案？——這條道路非常險峻，只能耐著性子試著模擬。

如果無法掌握整體樣貌，下流老人就會被歧視，且無人伸出援手

我曾聽過這樣的意見：「我這麼努力工作，薪水卻這麼少。所以，只好請沒有工作的人忍耐了。」這種主張對接受生活保護者的批判尤其多。自己每天拚了老命地工作，好不容易才能拿到薪水，不能把用這些薪水繳納的稅金拿去養那些無所事事的人……這應該是多數人的真心話。這種心情也不是無法理解，但是，在後面的章節也會提到，這樣的想法不僅誤解了稅金的意義，而且也單單只是基於「個人情感」。

我這麼說希望大家不要誤會，自由經濟社會中的窮困可說是一種「宿命」。有富有的人，相對就一定會有貧窮的人。不管是什麼樣的社會，都不會只有勤奮工作的人，失業率不可能變成零。無關個人能力或努力，不管什麼樣的時代、什麼樣的社會，一定都會有無法工作的人。

我認為，不該將薪資勞動和社會保障的水準放在一起討論，如果一定要討論，很重要的一個議題是，對無法工作的人，應該給予怎麼樣的保障才算妥當。

日本憲法第二十五條規定，「應該保障國民可以過著健康且有文化的最低限度生活」，以低於這個原則為標準的救濟是不被認同的。當標準低於上述時，就會侵害到生存權。日本政府主張，不管是什麼樣的人，只要生活水平在一定的水準以下，就必須給予救濟，忍耐是有限度的。所謂生活保護基準，就是將這個論點明文規定。

但是，「現在的生活保護基準太高了，只要以更低的標準來救濟就夠了」這樣的主張，不僅不絕於耳，還年年增強。

這個說法的背後顯然已經侵害了人權，可能在無意識間，助長對窮困者的歧視。

事實上，生活保護基準階段性的下降，讓愈來愈多接受生活保護者，無法過著日本國家憲法要求的「健康且有文化的最低限度生活」。

近年來，日本這些接受生活保護者所提起的生活保護訴訟，數量之多史無前例（關於全國提出的生活保護訴訟動向，詳情請參閱「全國生活保護訴訟聯絡會」網頁〔http://www7.ocn.ne.jp/~seiho/〕）。如果按照原告的主張，就算接受生活保護，還是很難過著人類該有的生活，包含下流老人在內的救濟政策，在憲法上可說是陷入危機。

如果像這樣因為接受生活保護而持續被抨擊或歧視，就算生命受到威脅，依然不（不想）申請保護的人應該會增加。許多只要提出申請就可以接受生活保護的高齡者，已經不想為了接受保護而被歧視。這樣下去，民眾對生活保護制度的不信任感只會不斷提高，生活保護可能更無法施行在需要的人身上。

默默死去的下流老人

對下流老人或生活窮困者的批評之所以無法消失，乃是因為許多人無法切實想像所謂的貧窮。一如在第三章所陳述的，現在，大多數人腦海中依然還殘存著中產階級的意象，所以看不到（很難看到）日本社會的窮困。

的確，日本是個物質富裕的國家。但是，這是以全世界人來看所下的結論。

希望大家可以拉起天線，環顧周圍。住在你家隔壁的人狀況如何呢？隔壁的隔壁那家的老爺爺是否孤單地死去了呢？對面公寓或公營住宅有沒有一人獨居的高齡者？有沒有變成垃圾成堆的住家？最近是否有看到過去很照顧自己的老爺爺或老奶奶？我認為首先必須把這些身邊人的狀況視為現實，放在自己心裡。

現在我們周遭依然會發生與貧窮有關的事件或意外，但是，我們卻很難看到貧窮。雖然媒體沒有積極報導也是原因之一，但希望大家可以想到，這可能是因為身為下流老人的當事者陷入無法發出訊息的狀態。若是身邊有人發出求救訊息，就會成為政治或政策的優先課題，在議會或鄉鎮的集會上討論，也會打造出比現在更容易研擬對策的環境。然而，事實並非如此。

基本上，處於窮困狀態的高齡者是「安靜的」。很多人會自責：「會步入這樣的老後生活，是自己的責任。」因此，窮困會被視為本人或周圍部分人的問題，而被內在化。而且，本人也會覺得自己現在的狀況很丟臉，於是有許多案例都是當事人沒有和任何人商量，當周圍的人發現時已經太遲。只要我們沒有意識到窮困的存在，沒有發現身邊的下流老人，就無法給予支援或制度上的救濟。

如前文所說，我們生活的資本主義社會，本來就會產生一定的貧窮階層。沒有任何一個國家沒有失業者，也沒有任何國家沒有人因窮困受苦。所以，才會事先推測會有失業或陷入窮困的人，進而建立社會保障制度。如果有人過著富足的生活，就會有不少人因窮困而受苦，而我們就必須對後者進行救濟，在互相合作之下，讓社會得以維持、永續生存。

所以，下流老人的問題，原本就是當社會保障制度或社會體系不夠周全時，周遭的我們該如何伸出援手的問題。我之前也說過，這個問題，絕非單單只是當事人或其家人的問題。

不被告知就無法伸出援手的制度設計

不過，處理下流老人問題的社會保障或社會福利制度，也並非那麼不完善。日本的社會保障制度中，雖然有很多不是那麼方便使用，但也有些是只要本人提出申請就可以利用的。因為社會的少子及高齡化，進行支援的公家機關和福利設施也增加了。日本雖然有削減公務員人數的傾向，但福祉事務所的照護工作者卻隨著貧窮人數的增加而急速增加中。只要提出要求，有許多人都可以給予援助。

但是，問題沒有這麼單純。一如前述，不容易看到下流老人的原因是下流老人自己也躲起來，不想讓別人看到。特別是有一定年紀的人，總是抱著「不想讓政府照顧」的心態。事實上，我們提供諮詢時，也經常聽到對方這麼說。下流老人都有不願自己積極尋求支援這個特徵。

聽到他們這麼說，或許有人會想：「那就不要理他們啊！」本人不想接受支援的話，應該就不用救他們吧。

我並不這麼認為。下流老人會拒絕接受支援，只是「結果論」。如果不仔細思考造成這種想法的原因，就會錯認問題本質。

讓情況更加惡化的原因之一是，幾乎所有的支援政策都採用「申請制」。所謂申請制指的是，只要本人不想提出申請，並前往相關單位，就無法利用那個政策。行政單位表示，之所以會採取申請制，是因為必須考慮到國民有利用社會福利制度的權利，同時也有不利用的權利。也就是說，為了不剝奪國民的選擇權，才以半強迫的方式來實施制度。

但是，這根本就是詭辯。因為幾乎所有高齡者都不知道有選擇的權利。社會福利制度廣泛又複雜，連專家都無法全盤掌握，國家並沒有讓國民知道制度的內容，或是給予學習的機會。「網站上有寫，看了就知道」這並不算是通知，而且具備高度的電腦使用能力、能夠找到這些資訊的高齡者又有多少呢？

這是討論選擇的自由之前就存在的問題。就好像沒有告知規則，就玩起一邊倒的比賽，有專家批評，申請制的本質就是抑制使用社會福利制度。如果只用個人的「無知」來解釋，是完全無法讓人接受的。對生活保護制度的偏見、歧視和缺乏了解，可說是行政單位「沒有人要求就什麼都不教，也不協助」這種立場所造成的。

絕對貧窮和相對貧窮的差異

剛剛提到「下流老人拒絕支援只是結果論」，接下來要為各位說明箇中理由。簡單來說，下流老人不是「不表達意見」，而是「無法表達意見」。

下流老人本身並沒有向社會求助的想法，加上對生活保護制度缺乏理解，醞釀出一種難以發表意見的氣氛。事實上，日本社會大眾對於貧窮的理解十分欠缺，因為對貧窮的結構了解不足，所以很多人都不知道為什麼會有人身陷貧窮。

比方說，在幾個非洲國家、發展中國家，或是經歷過內戰的國家，孩子們因挨餓而受苦，一眼就可以看出顯然非常需要救濟。在媒體報導中看到他們的身影，我們很理所當然地會想：「好可憐啊，必須為他們做些什麼。」這種情形被稱為「絕對貧窮」，不管在誰看來都很容易理解，這些孩子欠缺維持身體和生命的必要條件。

然而，下流老人的問題雖然也包含了絕對貧窮，但因為主要多為相對貧窮，很難察覺其窮困狀態。在第一章中也曾經提到，相對貧窮指的是相較於共同體中的大多數，生活水準顯然較低，沒有足夠的所需之物。這個「共同體」的結構相當重要，在不同的國家，物價、幣值，以及生活所需的物資也會完全不同。如果對這些欠缺了解，對這些因相對貧窮而受苦的下流老人，就會過度強迫他們忍耐：「有個可以遮風避雨的家就不錯了」，或者認為：「一天可以吃上兩餐就夠了。」而輕忽了問題的嚴重性。

但是，絕對貧窮和相對貧窮本來就無法比較。用世界上的難民和孤兒這種完全不同等級的貧窮例子來說明下流老人「沒有問題」，這根本就是一種錯誤的判斷。

攻擊生活保護看到的，不容許「任性」的社會

我們可以用「任性」這個字眼來說明一般大眾對貧窮無法理解的程度。在日本，依賴他人和制度稱為「任性」，社會上都將之視為罪惡。

「任性」這個詞多半出現在網路留言板上，即使現在也經常可見。比方說，「無法就業就是任性」、「覺得在社會上生存相當辛苦，就是任性」、「貧窮就是任性」等等。在網路世界雖然有半流行語化的傾向，但是這個字眼強烈反映出日本特有的無差別意識。

但是，陷入窮困就是任性嗎？利用生活保護制度真的就是任性嗎？真正的任性應該是即使無法得到足夠的食物，也無法上醫院，一天天日漸衰弱，但還是要咬緊牙根一語不發地邁向死亡，可說是一個很了不起的人。

事實上，現在的日本有多少人使用生活保護制度呢？「受惠率」這個數值，就是用來顯示人數的指標。它顯示的是需要保護的人當中，實際使用生活保護制度的占

比。

雖然不同的時期也會有些許差異，但根據厚生勞動省的調查，現在的受惠率大約是十五至三〇％左右。假設實際的受惠率是三〇％，也只占了全體的三分之一。這件事說明了下流老人中，還有許多人沒有因為生活保護制度而得救。

我們來看看國外的情形。在其他先進國家，生活保護或者類似生活保護制度的受惠率比日本還高。在德國是六四．六％，法國是九十一．六％，有日本完全無法與之相比的大量人口，理所當然地接受生活保護（生活保護問題對策全國會議監修《這才是生活保護「改革」的焦點！》AKEBI書房，二〇一一年）。雖然無法一概而論，但這應該是因為在其他各個先進國家，民間普遍認為接受社會保障並非任性，而是成為一種「權利」。如果大眾都認為應該要把社會保障當成一種權利來接受，就算陷入貧窮，也可以降低致死率，不用責備自己或身邊的人。

當然，如果自尊心很強，「不想依賴生活保護」，那也沒關係，但因為這種自尊而無法接受必要保護的日本下流老人的模樣，感覺上總是有一點不自然。我們不能將這種不斷忍耐，乃至喪命當作一種美德。而且，也不可以將這種忍耐的美德強行灌輸給其他接受生活保護者或下流老人，讓他們覺得「不可以任性」。

責任在己論的矛盾與危險

常常和這種任性相提並論的，就是「責任在己論」。針對生活保護，這種論調主張：「陷入窮困是自己的責任，所以接受生活保護就是任性」。

「責任在己」這個字眼囊括了所有問題的原因，有一種不可思議的魔力。二〇一五年初發生的ＩＳ（伊斯蘭國）殺害日本人質事件，也被強烈認為是那個人自己的責任。有人認為，「那個人自己擅自去了危險的地方，為什麼要因此用掉國民的稅金」。冷靜一想，明明是被綁架的「受害者」，不知為何「對日本國民造成困擾」這種批評的矛頭都指向弱者，這種感覺就類似對生活保護制度的批評。結果，包含下流老人在內的窮困也以「責任在己」的角度來解釋，我身邊有許多人都反對擬定由社會支持的解決策略。

這樣的話，我們支付的稅金到底要用在哪裡呢？把稅金拿來投資在股票或其他地方，應該不會受到同樣的批判吧。也就是說，大家都陷入了這種恐怖的思維：繳納高額稅金的人（購買股票的人），才應該拿到更多利益，沒有繳稅的人或對國家（社會）造成傷害的人應該去死。

簡單來說，所謂稅金，是「國家或地方政府為了讓國民過著『健康富裕的生活』而活動的財源」。對照之下，基於給予生活保障的國民救濟，應該就是最合乎原本意義的稅金使用之道。

這樣的思維，可說是翻轉應益課稅原則（配合公共服務受益量所採取的課稅方式）的想法。因為這個想法是從和消費活動同樣的角度，來看待利用稅金所提供的公共服務，所以會出現屬於資本主義的責任在己論。但是，財富重分配是課稅最根本的任務，付出較多的稅金並不表示就可以得到更豐厚的公共服務，而且，因為只能繳最低限度的稅金，所以只能利用最少的公共服務，這樣的想法也是很奇怪的。

本來，「責任」和「權利」就是不同層次的問題。要認真工作、變成有錢人，或者是過著一般生活就好，都是出於個人的自由。但是，「過著健康且有文化的最低限度生活」和「守護個人的生命」是每個人都擁有的權利。我們必須理解，稅金的存在是為了做到這一點。如果不改變「大量使用我們所繳稅金的人是『惡劣的』、令人無法接受的」這種想法，就會失去社會保障本身的意義。

沒有任何人是「真正」應該拯救的

話雖如此，日本並沒有錢。誠如大家所知，日本的負債已經超過一千兆日圓，因此，帶著少數財源「到處救濟」這樣的政策才會引發爭論。

這麼一來，接著該進行的就是排序「高齡者中誰是最窮困的人」。雖然大家都很窮困，但還是要被迫忍耐，讓最窮困者先獲得救濟。

根據現實問題的緊急程度排出優先順序，那也是沒辦法的事。但是，這種理論的危險之處在於，會開始強迫對方接受「那個人現在狀況很糟，但是這個人應該還可以忍耐」這樣的價值。簡單來說，它有可能會助長「因為大家都很辛苦，所以你先忍耐一下」這種無差別意識。

或許有人會認為，相較於高齡者，應該先救濟即使拚命工作，還是一貧如洗的單親媽媽或窮困的孩子。最糟糕的狀況是，這有可能會演變成應該先救孩子，還是高齡者，這種將生命的輕重放在天平上衡量的討論方式。事實上，處理貧窮問題的支援團體和社福行政單位已經開始互相爭奪這些少量預算，在各個領域，只能看到那個領域自己的主張。

想推行孩童貧窮方案的救援團體，主張應該增加孩童的預算，障礙者團體則要求障礙者的貧窮對策。當然，單親媽媽家庭的貧窮方案或年輕人的貧窮方案也一樣。並且，即使各個不同領域的主張都被輕忽，雙方都陷入窮困，還是會出現爭執。

其他領域也是一樣。有些年金領取者或低薪勞工會批評接受生活保護者「拿太多了」。這些人的主張是，與其給接受生活保護者那麼多，不如先改善自己的待遇和生活環境。

這些爭論在本質上就是錯誤的，因為聽似有理，所以可以得到一定的理解。我希望這種沒有結果的討論可以畫上句點。

我想說的是，沒有人是「真正」應該拯救的。

每個陷於困境的人都應該拯救。或許有人會說這只是財源豐富時的理想論，但是追求這種理想不正是政治，或者說是我們的義務嗎？貧窮問題會從孩童、年輕人、高齡者不斷「串聯」下去，因此，如果教育、福利、照護等各個領域不能攜手合作，擬定整體策略，問題就無法徹底解決。

不能讓「有真正應該（或不應該）拯救的人」這樣的理論繼續蔓延。

第五章

制度疲乏之與束手無策造成的下流老人

——依賴個人的政府——

從現在開始，我將針對日本各種社會保障和社會體系對下流老人進行的救援，以及不完善之處，進行批判性的檢驗。

之所以要進行批判性檢驗，簡單來說，就是因為現在的系統會製造出下流老人，並且把他們趕到社會的角落。我之前也提過，下流老人這個層級的問題，並非靠個人努力就可以改善。在這樣的狀況下，社會保障制度和社會福利制度所扮演的角色雖然非常重要，但它們對於下流老人的發現、救援和生活改善是否真有貢獻，仍然是個疑問。

但只要是根據現在這種「經濟優先．捨棄弱者」的原則而建立的社會體系，對下流老人的問題就沒有特效藥。且就算可以達到經濟成長，下流老人的問題應該也完全不會有任何改善吧。且除了經濟之外，還有許多部分需要進行診斷。

那麼，現在的制度或系統有什麼問題呢？我試著從以下八個角度來檢驗下流老人面臨的難題。

〈1.收入面不完善〉——以家人扶持為前提的年金制度的崩壞

首先，我們來看看在高齡者收入中占了大部分的年金制度。

家人功能的降低讓下流老人的問題變得更加嚴重。就歷史上看來，家人一直無償地在各個層面為家族成員提供福利。家事、教養、扶養、照護、教育或訓練生活習慣、金錢和精神面的相互扶持等，家人的功能多不勝數。我們可以說，過去的日本社會，都是藉由家人之間的互相幫助，才打造出豐盈的生活。

但是，這樣的家庭機能正在崩解。一人獨居或只有高齡夫婦的兩人生活已經相當普遍。家庭成員愈少，家庭的功能就會變得愈薄弱。

根據厚生勞動省的統計，二〇一三年的獨居高齡者中，有接近半數的人年收入不到一百五十萬日圓[1]，就算是只有高齡夫婦的家庭，七個家庭中就有一個家庭年收入不到兩百萬日圓（《朝日新聞》二〇一五年三月二十三日晨報）。

註1：參見頁9註1。

以前，即使只有這樣的收入，因為有著仍在工作的子女或孫子可以補足不足部分，所以依然生活無虞。但這已經是很久以前的事了，年金制度原本就是以老後可以受到家人扶持為前提而建立的，因此，充其量只是補足生活費的收入。這個機制的概念是除了子女的收入、存款、股票、民間保險、工作所得、自有住宅等不動產之外，再加上年金的部分。

但是，一如在少子化問題或者年輕人所面臨的環境問題中所看到的，子女和孫子並無法扶持高齡者。如果不重新修正這樣的年金制度，下流老人的問題就永遠無法解決。第七章還會提到，最需要優先討論的課題便是今後年金制度的修正。

〈2. 存款．資產面不足〉——下跌的薪水和上漲的物價

因為年金制度無法完全發揮功能，我們必須自己張羅老後的生活資金。但是，那其實是非常危險的狀態。

根據日本國稅廳「平成二十五年民間薪資實際狀態統計調查」（二〇一三年），一如前述，每個薪資所得者一年的平均薪資是四百一十四萬日圓。根據同一個調查，一九九七年的年度平均薪資是四百六十七萬日圓，所以約十五年間，年收入減少了五十萬日圓以上。加上非正職勞工的增加，這種減少的傾向以後應該會持續下去。

另一方面，物價持續上漲。根據厚生勞動省在二〇一五年四月三日發表的「二〇一五年二月的每月勞動統計調查（速報）」，考慮物價變動之後的實際薪資，比前一年減少二·八%，已連續二十二個月都在減少。而且，在物價上漲的同時，加重低所得階層負擔的消費稅，預計會反向地階段性提高。

簡而言之，物價和消費稅上漲之後，薪資並沒有提高以跟上物價的上漲。因為工作時期的年收入會直接影響到老後的年金收入，所以，看到現在勞工的實際狀態，會發現未來下流老人數量是非常多的。

為了預防成為下流老人，在邁入高齡期之前，必須累積一定的資產。如果在無法準備足夠存款的狀況下直接進入高齡期，被迫淪為下流老人的人一定會不斷出現。因為在企業界，不穩定的雇用方式會持續蔓延；或者，如果不針對黑心企業擬訂對策，任憑年輕人的工作環境不斷惡化，也一定會讓下流老人的人數繼續增加。

〈3.醫療不足〉——「醫療難民」造成孤獨死

即使從醫療面來看，下流老人政策也多有欠缺。

在日本，孤獨死的高齡者人數不斷增加。我也去過幾個孤獨死的現場，在公寓內的棉被上、浴室內、門口等地方處理去世者的遺體。在這些現場時，我心裡浮現一個疑問：「這些人真的希望用這種方式步向人生終點嗎？」

明白地說，他們是「醫療難民」。下流老人就算生了病、病情惡化，或者是罹患致命的重大疾病，也不會出現在醫院的掛號窗口。這是因為有幾個問題阻礙他們就醫，亦即醫療費問題、承辦人員負擔過大的問題、健康保險費滯納問題等等。

前往這些現場時，我感覺孤獨死並不是人類死去應該有的樣貌。很多孤獨死的高齡者，都是獨自一人痛苦地邁向人生終點。某些高齡者因為心肌梗塞，不斷接受手術，出院後還是需要繼續前往門診接受治療。但是，因為經濟上的因素，會自己減少就診或服藥的次數。這樣的結果就是再度被心肌梗塞襲擊，進而步向死亡。因為痛苦而表情歪斜、因為缺氧而臉色發黑的死亡容貌，都說明了孤獨死的過程和安穩死去截然不同。

孤獨死的高齡者大概都罹患了某些疾病，或是患有可能導致心肌梗塞或腦中風的生活習慣病。但是，即使需要治療，很多人卻因為經濟窮困而沒有接受治療或中斷治療。其中，有的高齡者甚至連健康保險卡都沒有，就算疾病或需要照護的程度已經變得很嚴重，也無法向周圍的人求助。

我們並不認為孤獨死是一種有尊嚴的死法。更直接地說，應該稱之為病死或「棄養死」。高齡者不應該因為經濟上的理由，而無法接受必要的治療，或是到醫院就診。不管是全國的醫院或一般大眾，都開始對這樣的情形抱持著危機感。近年，為了能「早期發現、早期治療」，登記成為免費或是低費用診療單位的醫院不斷增加，也就是所謂的「免費低額診療設施」。低所得患者如果前往登記的醫院就醫，就可以免費或是以較低的費用接受診治[2]。這是一種根據診療數量，對醫院進行稅收減免的社會福祉法制度。

但是，很多人都不知道有這樣的醫院。政府也沒有宣導這些福利政策，或帶頭提供資訊。今後，應該讓這個制度更廣為人知、方便使用，同時，醫院的數量也應該增加。

如果不及早就醫，社會保障費用的成本就會增加。生活保護費的全部預算約四兆日圓（二〇一四年），其中約有一半（兩兆日圓）為醫療補助費。想控制醫療費就必須進行初期診療，然而，因為上述原因，下流老人無法上醫院，只能以市售成藥來打發，等病情惡化之後才到醫院就診。這個時候需要的龐大住院費和手術費，就必須從生活保護費的預算中取用。之所以需要及早就醫，就是這個原因。

在某些地方政府中，沒有支付健康保險費的市民，健康保險卡會被沒收，發給資格證明的窗口也可能要求他們負擔所有費用。這樣的處理方式實在很愚蠢。因為這樣只會讓無法就醫的人被當作接受生活保護的對象，等他們病情惡化時再回來。

這些地方政府的職員和醫療‧社福相關人員首先該做的是，調查他們是否在生活上遭到困難，引導他們到各個諮詢窗口去，讓他們早點接受社會保障。再怎麼樣也不能沒收他們的健康保險卡。因為無法支付醫療費就代表他們需要援助，這樣做有可能間接殺害市民。

〈4.介護保險不足〉——無法拯救下流老人的福利制度和照護經理人

就像之前提出的例子，下流老人中也有人失去住宅，過著極度貧窮的生活。那麼，有辦法救濟這些陷入嚴重貧窮的人嗎？從結論來說，很遺憾地，現在的福利制度非常薄弱，能夠被用什麼樣的方法來救援，端看自己的「運氣」。

註2：台灣也有類似的規定，台灣的《社會救助法》中規定，可補助低收入戶健保費用，各縣市並有相關醫療補助。

雖然有為了改善這種福利不完整的現象，或者，為了支援福利制度照顧不到的範疇，而成立的介護保險制度[3]，但是這些介護保險也無法堪稱完善。比方說，一如第三章所提到的，可以讓失去住居的下流老人賴以維生的安養院數量極端不足，但是民間的自費養老院只願意照顧富裕階層。

此外，介護保險服務沒有參考各個家庭的經濟狀況來進行設計也是一個問題。在確定提供介護保險服務時，會有一個負責掌控的職位，那就是「照護經理人（照護支援專門員）」[4]。他們以需要照護的高齡者和將來需要照護的高齡者為對象，擬訂照護計畫（所謂的care plan），決定照護的方法和內容。但是，大部分的時候，這種照護經理人所擬訂的援助計畫都非常糟糕。他們雖然會評估高齡者是否有必要進行照護，但在擬訂計畫時，卻沒有對貧窮進行結構性的理解。

比方說，就算有高齡者因為貧窮而無法支付服務費，他們也很少為了提高收入，而考慮運用社會保障或生活保護制度。而很多照護經理人也只會擬訂僅支付較低服務費的照護計畫。需要照護的高齡者中，也有人因為領取的年金較低等因素，無法接受完整的照護服務。如果是這樣的狀況，就必須同時考慮運用生活保護制度來進行援助。

簡而言之，日本的照護經理人雖然對介護保險制度有某種程度的熟悉，但是，他們對生活保護制度等其他社會保障制度非常不了解。在高齡者的照護和貧窮問題再也無法分割的往後，改革介護保險制度的同時，也應該提高照護經理人的素質。

〈5.住宅不足〉——失去住居的高齡者

下流老人之所以會失去住居，其中一個原因就是日本的住宅環境本來就不夠完備。也就是說，首先應該討論的不是「失去住居的高齡者該怎麼辦？」，而是「如何

註3：參見頁55註1。

註4：台灣稱為照顧管理專員，台灣各地都有當地政府設立的長期照顧管理中心。民眾申請長期照顧服務後，長照中心的照顧管理專員會到家裡進行評估，了解老人或身心障礙者的個別需求以及評估其失能程度，依據個案的失能狀況及意願，擬訂照顧計畫，連結相關服務資源。

才能讓高齡者不失去住居？」

接受度最高的方法應該是搬入公營住宅。公營住宅是地方政府為了低所得階層建造、經營的租賃住宅，和鄰近相同物件的行情相比，只要一半或三分之一的租金就可以租得到。但是，這種公營住宅的數量極端不足。

為了援助生活窮困者，我也會申請公營住宅。幾乎這些人的年收入都非常低，雖然符合申請公營住宅的條件，但就算持續不斷申請，也不會被選上。大家應該知道公營住宅的抽選率吧，首都圈的機率大概只有三十分之一，有的時候還會出現八百分之一這種超低的現象。順帶一提，東京大學的入學率，雖然會因科系不同而有所差異，但大概是二分之一到十分之一。雖然完全無法相提並論，但很諷刺的是，住進日本公營住宅，遠比進入日本最高學府還要困難。

所以，許多人不得已只好忍受民間租賃住宅的沉重房租負擔，過著辛苦的生活。甚至有人因此用盡存款，失去居所。

請大家看看因為房租負擔太重而無法生活的兩名高齡者的例子。某位長年在住宅機器製造公司工作的男性，因為光靠著一個月十四萬日圓的厚生年金無法生活，只好開始使用存款和退休金。當他六十五歲時，「存款＋退休金」大約存了有一千兩百萬日圓。但是，從退休開始經過十七年，到了八十二歲時，他的資產已經全部用盡。因此，無法負擔每個月七萬日圓的房租，在欠繳了三個月的房租之後，自己搬出公寓，現在寄居在朋友家生活。

此外，還有一名六十五歲之前，約四十年的時間都在一個小鎮工廠工作，同時一點一滴不斷存錢的男性。退休後，他想：「有存款，也有年金，應該沒問題吧。」但是，從七十五歲開始，他因健康問題，醫療費的負擔愈來愈大。當他七十八歲時，終於因為欠繳房租而被趕出公寓。

雖然有人會說：「在被趕出來之前，搬到房租比較便宜的地方不就好了。」但這對大多數高齡者來說是非常不切實際的。鄉下雖然住了很多高齡者，但大多都是原本就生活在那塊土地上的人，累積下來的生活圈和所擁有的資產完全不同。最悽慘的是體力衰退、資產很少的高齡者，一個人移居到舉目無親的地方。因為這件事本身就帶有極大的風險。這和體力強健，而且還能工作的年輕人移居到鄉下地方的狀況完全不同。

也有許多人說：「年金幾乎都用來付房租了。」感覺馬上就需要政策來協助。我在進行諮詢的同時心想，如果房租和公營住宅一樣便宜，就不會發生這樣的現象了。日本也差不多該和國外一樣，準備好社會住宅或公營住宅。對許多高齡者來說，只要房租負擔可以減輕，就算領取的年金很少，還是可以生活。在接受生活保護的家庭中占大多數的低年金階層，也有可能瞬間脫離生活保護，這麼做應該可以有效減少接受生活保護的人數。

〈6.關聯性・連結架構不足〉——援手無法觸及

我在第一章中曾經提到，下流老人處於社會孤立的狀態。反過來說，想拯救下流老人，就要打造不孤立的處境。

第二章中已經說明，社會孤立會有什麼樣的風險。特別是失智高齡者連金錢都無法管理的狀況，很容易被詐騙。這些情況遍布全日本，並不罕見。就算身邊有家人、親戚或好友，也很難發現是否罹患失智症，若是一人獨居就會更晚發現。因此，制度和政策都應該具備發現下流老人是否罹患失智症的功能。

一如前述，必須重新檢視行政上的「申請制」體制，因為許多下流老人不會或沒有辦法自己前往窗口。

比方說，伊賀市社會福祉協議會[5]對陷入社會孤立的高齡者進行家庭訪視，和民生委員[6]等一起守護當地的高齡者，不讓他們被惡質商人欺騙。像這種與社會福祉協議會搭配進行的社會服務，現在依然非常少見。

註5：日本根據《社會福祉法》規定，全國上至都道府縣各大行政區，下至市町村單位都設有社會福祉協議會，是一種以進行社會福利工作為目的的非營利組織。社會福祉協議會簡稱「社協」，根據所在地區層級不同，服務項目也會略有不同，但大部分都會進行社會福利諮商、組織義工、協助募款，支援市民及地區活動等。

今後，應該從制度和政策面著手，支持這樣的組合，否則就無法預防因轉帳詐騙而造成的傷害，或是下流老人的孤獨死。強化守護高齡者的地區網絡，是行政單位、警察、照護．社福相關人員必須共同合作，加以解決的整體性課題。

〈7.生活保護不足〉——被國家操縱的貧窮定義

大家應該知道生活保護基準年年下降。事實上，自民黨的政策也是以降低為目標，宣稱要比政權交替之前減少一〇%。他們完全沒有審視接受生活保護者的實際生活狀態，就開始以削減為目標在前進。現在，除了削減之外，住宅補助費和其他生活費也在持續減少。

伴隨而來的是，全日本發生了多起「不要降低生活保護基準」的民事訴訟案件。

一旦基準下降，過去貧窮的人就不再被認定貧窮，將被排除在救濟對象之外。極端來說，就算明天已經沒東西可以吃了，只要國家認定「這種狀況還不算貧窮」，就沒有必要給予救援。

我清楚記得，福島第一核電廠事故發生後，一般國民放射能曝曬量的上限基準，從一年一毫西弗大幅提升到二十毫西弗，兩者完全就是類似的手法。

雖然以現狀來說很難解決，但如果基準會根據每個時期的狀況而改變，那基準本身就失去意義了。

下流老人的問題也是，因為需要救濟的人太多了，所以政府的工作就從減少救濟對象開始。雖然要在什麼樣的範圍內救濟誰，是由厚生勞動大臣自己決定，但決定的方法總讓人感覺曖昧不明且說明不足。因此，才會造成全國都有接受生活保護者提起訴訟的現象。

一九五〇年代後半，有一個十分有名的訴訟，它是由肺結核患者，同時也是接受

註6：日本的民生委員是由厚生勞動大臣委任，派駐在各社區，負責調查並掌握各社區居民的生活實貌及對社會福利的需求，並免費接受個人問題諮詢，及協助與市區村鎮和社會福祉協議會聯繫等事務。

生活保護者朝日茂先生提起的「朝日訴訟」。他表示在肺結核療養院未能過著健康且有文化的生活，並且向社會要求足以讓一個人受到最低限度保障的生活保護基準和生活水準。結果，朝日訴訟因為原告去世而畫上句點。但是，這個審判卻帶來極大的影響。在那之後，生活保護基準根據所有國民的實際消費狀態而被重新檢視，生活保護水準逐漸提升，但打破、降低過去基準的時代終於到來。

生活保護制度的問題，除了基準值之外，還包含使用上的不便。一如前述，在日本，有些人認為接受生活保護是很羞恥的，甚至還不斷有政治家宣稱，這種自覺羞恥的態度是很了不起的。比方說，自民黨的片山皐月參議員等人便在《依賴福利制度的不道德》這本著作中，寫著「不認為接受生活保護很可恥，實在欠妥」。單單利用社會保障制度為什麼必須感到羞恥呢？覺得可恥的人當然會猶豫是否要申請生活保護，對「早期發現需要支援者」完全沒有幫助。

政府和國會議員最基本的任務，就是保護國民的生命和財產。不再追求這件事的政治家的不道德才是醜陋的。

〈8.勞動．就職支援不足〉——

如果不是工作到臨死之前，就無法活下去!?

我經常聽很多人，特別是年輕一代表示：「我們這個世代的年金金額變少，必須工作到死。」很意外地，這個說法完全正確。

根據日本內閣府的「平成二十六年版高齡社會白皮書」（二〇一四年），雖然已經超過六十五歲，但還是想工作的人共計有五〇．四%，占了多達一半的比例。希望工作的理由以「因為可以得到生活費」為最多，占七六．七%。

事實上，根據日本總務省統計局「從統計觀察我國的高齡者（六十五歲以上）」（二〇一四年）報告中可以發現，目前高齡者的實際狀態是，如果退休後不繼續工作，就很難得到生活費。這種「高齡勞工」的身影在先進國家是非常奇特的，它簡單道出日本老後社會保障的脆弱。

比方說，在法國，只有二．二%的高齡者在工作，相對於此，日本的高齡者有二〇・一％都還在工作。透過工作和社會維持關係，就某種意義來說的確非常正面積極，但是為什麼日本的高齡者需要工作到這種程度呢？簡單來說，因為日本屬於如果退休後不繼續工作，就無法生存的社會體系。

事實上，高齡勞工的比例有持續增加的傾向。二〇一四年時，高齡者的就業人數為六百八十一萬人，創歷年新高。相較於二十五年前，幾乎增加了一倍。而且，高齡者還占總就業人口的一〇・一％，也是歷年新高。在職場上，十個人當中就有一個理應退休的高齡者在工作。

很意外地，這樣的統計很少人知道。但是，我們退休之後，不工作的確已經無法生活了。工作雖然值得尊敬，但是如果不持續工作到死就無法生活的社會，堪稱幸福嗎？就算經濟上不是很富裕，大家應該還是想在家人的圍繞下安心度過餘生吧？

即使退休之後還想工作，雖然大家都知道有銀髮人才仲介中心，但並不保證能夠領到足夠的薪資。為了讓生活費不足的高齡者可以持續安全工作，就必須進行就業支援。但是，就連可以讓年輕人安心工作的就業環境都已經遭到破壞，要打造一個完善

高齡者就業率的全球性比較（二〇一三年）

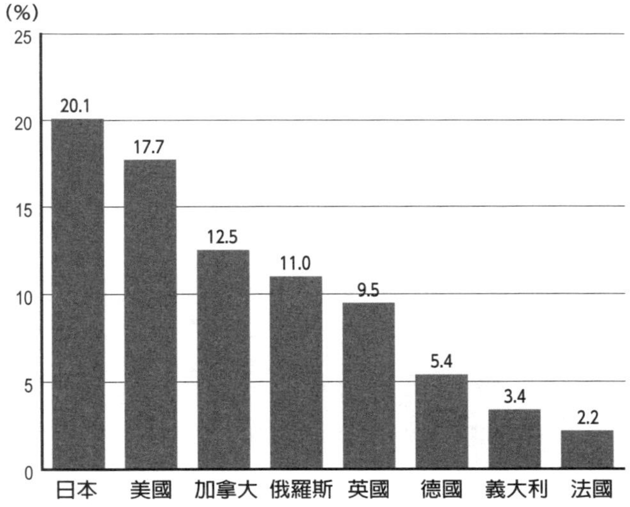

資料來源：平成 26 年 9 月發表，日本總務省統計局「從統計觀察我國的高齡者（65 歲以上）」，資料由「OEDC.Stat」製作。（2014 年）

高齡就業者人數的變化

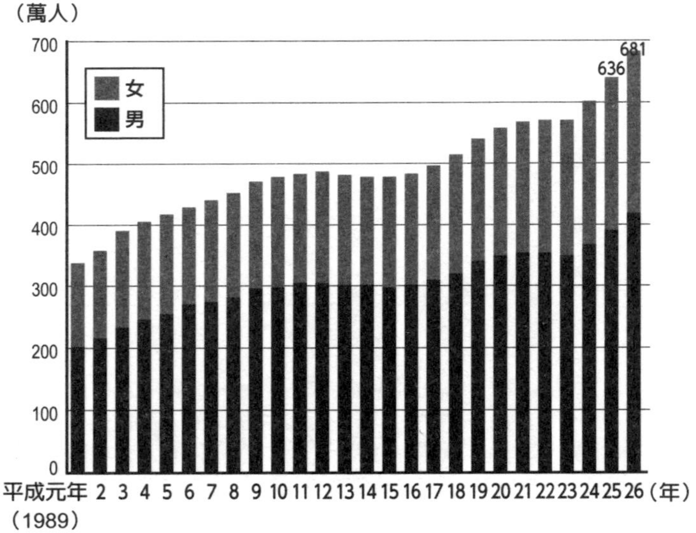

資料來源：平成 26 年 9 月發表，日本總務省統計局「從統計觀察我國的高齡者（65 歲以上）」（2014 年）

＊ 26 年的數值是「勞動力調查（速報）、23 年是使用補增估算值」

的高齡者就業環境並不是那麼容易。因此原則上，必須先建立一個讓高齡者不工作也足以生活的給付制度。

〈從八個角度進行制度批判〉——總結

透過這八個角度，我們可以很清楚地知道，下流老人是因為社會保障或社會體系的不足而產生的。就像我之前說的，淪落為下流老人並非是因為個人能力不足或懈怠，應該修正的不僅是過度經濟優先的社會體系，甚至還包括我們向來疏離的心理和情感。

正因為如此，我想帶著堅定的意志，介入造成制度疲乏的策略和時代的錯誤政策。在團塊世代開始邁入高齡期的現在，正是應該重新檢視制度根本的轉捩點。

吸取下流老人鮮血的「貧困產業」

詐騙高齡者的不只轉帳詐騙等犯罪集團。現在，很明顯地已經出現巧妙圍著高齡者、打著擁護人權的旗幟來營利的「貧困產業」。

在下流老人周圍暗中活動的貧困產業

那麼，所謂的貧困產業指的是什麼呢？社會活動家，同時也是反貧窮網絡事務局局長湯淺誠先生在其著作《反貧窮——逃離「溜滑梯社會」》中就指出，貧困產業就是「以貧窮階層為目標，並非助其脫離貧窮，而是讓貧窮變得根深柢固的生意」。

簡單來說，就是以生活窮困者為對象來做生意，但並不是幫他們擺脫貧窮，而是不讓他們活，也不讓他們死，持續壓榨他們的事業。這些業種的特徵是，在公家機關不介入（或者無法介入）的領域中，開拓廣大市場。有人利用它們暫求安身，使用的人也很多，一旦被編入這些系統，就很難擺脫窮困，是一種非常可怕的行業。

近年，來自這種貧困產業的受害者諮詢件數明顯增加。這種貧困產業究竟是如何詐騙生活窮困者或下流老人的呢？請看以下實例。

製造大量下流老人的「免費廉價住居」

貧困產業當中，特別有問題的就是「免費廉價住居」。所謂免費廉價住居指的是，根據《社會福祉法》第二條第三項規定的，第二種社會福利事業的第八號「免費或以低廉的費用，將簡易住宅租借給生計困難者，或是讓他們使用住宿中的其他設施。」

簡單來說，就是暫時性地以低廉的價格，將可以使用的房間提供給無家可歸的生活窮困者的事業。這種住宿中心只要提出申請，任何人都可以很輕易地開始經營，所以近年來有各式各樣的經營者加入。但是，這種免費廉價住宿中心的使用者卻不斷地前來接受諮詢。

接受諮詢者的煩惱是，高額的設施使用費、惡劣的居住環境、粗糙的飲食、對經營者的不滿、包括移居支援在內的自立支援太少、不當或者違法行為橫行等，種類相當多樣。在部分住宿中心，有經營者施行粗暴言語和暴力的虐待，甚至還有人被擅自辦理存摺，金錢也被別人控制。

經營者的手法相當巧妙。首先，他們會去找從醫院出院卻無家可歸的人，或是街友，表示自己可以幫忙，並代為申請生活保護。然後，將絕大部分的生活保護費以「使用費」的名義加以徵收。

更惡劣的是，不但領取的生活保護費有七到八成都被拿走了，且因為帳戶被對方控管，就算想逃離也無法儲存資金。其中，甚至還有福祉事務所將前去諮詢的人介紹給貧困產業，把他們送進去的個案。

這些住宿中心的經營者大部分都是來路不明的人。比方說，二〇一四年在埼玉縣，有一家名為「Yuniti 出發」的公司因為經營住宿中心而獲利，卻沒有報稅，逃稅金額多達數億日圓，因而被逮捕。此外，「NPO 法人幸與友會」這個團體，也在二〇一三年盜領住宿中心使用費，包括負責人等數名人員被逮捕。根據報導，公司相關人員是以NPO法人作為掩護的前暴力集團成員。

不斷有這種免費廉價住居的使用者來找我諮詢。過去，我們都透過刑事訴訟或民事訴訟等方法來進行抗爭。但是，這些有不法行為被舉發的團體只是冰山一角，光是在埼玉縣內，貧困產業便依然猖獗。

只要舉出這樣的例子就可以知道免費廉價住居有多麼危險。但是，這些住宿中心不僅沒有消失，使用者還年年增加。

理由相當簡單，對需要住居的人（需求）而言，可以收容他們的社會資源（供給）太少，因為供需失衡，所以不管住居提供的服務有多麼糟糕，都無法將之排除在市場之外。而且，即使到政府機關的福利課接受諮詢，對方也沒有足夠的時間幫忙尋找住居，所以只好介紹這樣的住宿中心。

近年的社會福利趨勢提出的是「去設施化」，主張不要依賴大規模設施的收容，同時建立支援方式，讓高齡者可以在自家生活。但是，免費廉價住宿中心是和這種社會福利潮流背道而馳的設施，住宿中心中各式各樣的問題都出現在這些社會福利力有未逮之處。不管取締再多的違法住宿中心，只要不修補安全網絡的破綻，貧困產業對生活窮困者的壓榨就無法消失。

因此，今後我們需要打造可以取代免費廉價住宿中心的新社會資源。比方說：1.和不動產業界合作，推動在公寓中「居宅保護」，進行移居支援；2.設置暫時居住式收容所（讓住宿中心具備收容所的功能）；3.不分對象，打造小規模的團體住宅；4.活用公營住宅等等。這些絕非不可能實現。期待行政單位可以對惡劣的住宿中心進行更多管理。

申請成為免費廉價住宿中心的設施 A。將倉庫改建成三坪一間的居室以出租的房間。（以下照片皆為作者拍攝）

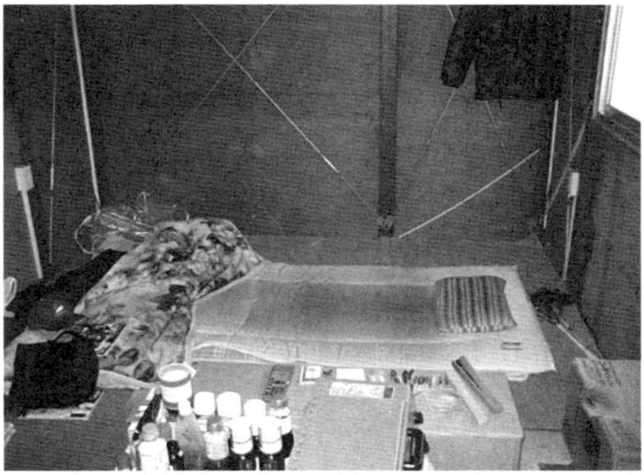

牆壁很薄、噪音很大。夏天很熱、冬天很冷的居室。因為濕度很高，所以牆壁和地板都發霉了。這樣的房間房租是四萬七千七百日圓。設施使用費的月費約為十萬五千日圓（設施Ａ）。

外表看起來像是一般員工宿舍或住宅大樓的免費廉價住宿中心（設施B）。

抬頭往設施B的窗戶看去，可以看出是用兩張美耐板將一間三坪的居室隔成三個房間來用。每個人的居室面積不到一坪。是投訴相當多的設施之一。

二〇一五年四月，向行政單位提出申請的免費廉價住宿中心C。在宛如建築工地小型組合屋一般的設施中，收容了八十名高齡者。居室面積不到兩坪，且設施內的衛生條件相當差。夏天經常會有臭蟲，每年都有許多人罹患傳染病。一個月的設施使用費是十萬日圓，因為手邊剩下的生活保護費非常少，所以不管是外出、對外聯絡，或是找工作，都有困難。

第六章

可以自己打造的自我防衛政策

——如何才能迎接平穩安泰的老後生活——

在第六章中要介紹的是，藉以對抗降臨在自己身上的下流老人問題的「自我防衛政策」。我將從成為下流老人之後的「對策」，以及避免淪為下流老人的「預防」這兩個觀點切入。

事實上，針對「預防」和「對策」，都已經有了相應的制度，但是知道的人並不多。最重要的是，要先認識可以利用的制度，然後再深入理解。

【對策篇】

〈知識問題〉正確了解生活保護

之前已經提到，對制度的「不了解」，會阻礙對生活保護制度的運用。對生活保護制度的運作機制有正確認識的人本來就很少，就連其他社會保險制度的存在本身也鮮有人知。

因為學校沒有教導，所以對其一無所知也是很理所當然的事。但是，深入了解制度絕對是防止成為下流老人的第一步，萬一陷入窮困（或即將陷入窮困），要採取適當的應對措施時，就需要這些知識。

因此在這裡，我將針對領取生活保護費的基本流程[1]和領取條件，進行大概的說明。

○申請生活保護費的流程

想利用生活保護制度時，首先要向居住地區福祉事務所的生活保護人員提出申請（在厚生勞動省網站首頁中，便刊載了距離住家最近的福祉事務所地址）。

在福祉事務所，可以聽取負責人員針對生活保護制度所進行的說明，同時辦理申請保護的手續。不過，當然不是所有提出申請的人都可以接受保護。

註1：台灣類似的制度稱為低收入&中低收入戶補助，只要符合公告標準，可向戶籍所在地的鄉（鎮、市、區）公所提出申請。

接受保護時，必須進行以下調查，確認是否為保護對象。

．為掌握申請者生活狀況的實地調查（家庭訪視等）
．存款、保險、不動產等的調查
．扶養義務者是否能夠進行扶養的調查（親戚是否能夠提供生活費）
．社會保障給付（年金等）和就業收入等的調查
．就業可能性的調查（是否可以工作）

關於各項調查內容（領取條件），容後再述。根據調查結果，決定是否給予保護之後，便會根據厚生勞動大臣所制定的基準，按最低生活費的標準，扣除年金和收入，定出「保護費」，每月支付。原則上，保護費沒有領取期限，但是，根據收入調查和照護人員的訪視調查，確認不再需要保護時，保護就會停止或者廢止。此外，申請時不需要特別的資料，但在調查過程中，需要提供存款存摺或薪資明細、年金手冊等，可以證明收入或資產實際狀態的資料。

此外，大家經常誤以為「如果沒有居民證就無法申請」，但事實並非如此。就算沒有固定居所或是街友，也可以在最近的福祉事務所提出申請。

○保護費的支付金額與內容

實際支付的保護費，會根據年齡、戶內人數和居住地區而有所差異。有很多人不知道生活保護是以家庭為單位在進行的，如果家庭成員增加，金額也會跟著增加。

此外，東京和沖繩的物價與房租行情差異甚大，支付金額也會因為居住地區的不同而有所差異。比方說，住在東京都內二十三區的單身無收入高齡者，雖然每個人各有不同，但支付的金額大約是「生活補助費」八萬日圓，「住宅補助費」五萬日圓，合計十三萬日圓左右。也就是說，是為了讓保護對象可以過著健康且有文化生活的「最低生活費」。

不過，並不是所有人都可以領取足額的最低生活費。就算是保護對象，也必須從最低生活費中扣除就業收入或年金等補貼，若有親戚的援助，就必須從最低生活費扣除這些金額的合計，再支付最後的差額。反過來說，就算有工作薪資、年金或援助，還是可以利用生活保護。這一點也很容易被誤會，請各位牢記。

此外，生活保護所提供的援助也有各種不同的類別。除了剛剛介紹的生活補助和住宅補助，還有藉以申請必要醫療・照護服務的「醫療補助」和「照護補助」。這些都不需本人負擔，也就是說，就算沒有實際支付保險費，還是可以免費申請這些服務。

再者，如果有正值義務教育年齡的孩子，可以申請「教育補助」，若正值懷孕時期，還可申請「生產補助」。想利用制度的人，可以試著調查一下「自己的收入是否已經達到最低生活費，能否申請保護」。

○申請保護的條件

想申請生活保護，需要具備什麼樣的條件呢？

根據厚生勞動省的規定，保護條件為「以家庭為單位來實施，前提是所有家庭成員必須充分使用可以利用的資產、能力，以及其他所有東西，藉以維持最低限度的生活」，而且，「扶養義務者的扶養，優先於根據生活保護法所進行的保護」。

光看這些條文可能很難理解，以下就一一為大家仔細說明。

首先是前提條件，想要申請保護，每個月的收入必須低於剛剛介紹的最低生活費。關於最低生活費，請參照各地方政府網站所刊載的「生活保護基準額表」。

其次，關於「資產的活用」，所謂資產，指的是存款、車子、寶石、閒置的不動產、儲蓄性的高額保險（儲蓄型保險）等。擁有上述資產時，原則上必須在接受保護前予以售出，充做生活費。

但是，請大家不要誤會，賴以生活的土地或住宅並不需要放棄。也就是說，實際居住的住宅，或者以農業維生者的農業用地並不需要賣掉。此外，關於車子，如果用於工作，或者確認是通勤、上醫院時少不了的交通工具，就可以保有。簡單來說，使用價值高於售出價值的資產原則上都可以擁有。

接著是「活用能力」，這裡的能力指的是「是否為可以工作的狀態」。身心健康，被認定為可以工作時，就無法申請保護，但是，一如前述，如果沒有能夠工作的地方、找不到工作，或是雖然工作，但因為生病、殘障或其他不得已的事件，使得收入低於最低生活費，也可以申請保護費。「活用所有東西」也一樣，領有年金或其他補貼時，必須先充分使用這些錢，低於生活費的部分，則可領取保護費。

最後是「扶養義務者的扶養」，它指的是親戚的援助。關於這個部分，在調查階段，會跟親戚進行「扶養照會」（詢問是否能夠援助申請者的生活），討論是否能夠在接受保護之前得到金錢援助。但是，假設即使得到金錢援助也無法滿足最低生活費，不足的部分就會以保護費的名義來給付。此外，如果因為家暴而進行緊急避難等因為特別事件而無法被扶養時，就算不進行扶養介紹也可以申請保護。

以上就是生活保護制度的大致情形，關於給付內容和條件，會因為各個家庭的狀況而有所差異，欲知詳情，請洽詢住家附近的福祉事務所或ＮＰＯ團體[2]。

〈意識問題〉何謂社會保障制度？

想要了解生活保護，除了要認識制度本身，心態上也要有所改變。現在，很多人都認為生活保護是一種「恩賜」或「恩惠」。也就是說，認為這種制度是物質富裕者（帶著些許迫不得已）對生活拮据者的施捨。

但是，事實並非如此。所有人都繳過稅，不管是所得稅或消費稅，只要生活在社會上，有意無意之間都曾以各種不同的形式支付過稅金。

「接受社會保障是一種權利」這個說法在學理上也是可以成立的。建立社會保障理論的小川政亮先生在他已經成為經典的著作《社會保障這種權利》中便提到：學術上也很清楚地主張，社會保障並不是一種恩惠。

所以，利用生活保護不用感到愧疚。過去也有人指出，國民年金或厚生年金的給付基準很低，退休之後無法得到足夠的收入。我認為，利用生活保護制度時不用太過

註2：在台灣則是向戶籍所在地的鄉（鎮、市、區）公所提出申請。

緊張，只要抱持「臨時發生狀況時，可以很輕鬆地補足收入不足的部分」這種心態即可，即使是介護保險制度或其他社會保險制度也一樣。

但是，需要擔心的是，過去社會大眾對社會保障制度並不是那麼了解。政府應該及早擺脫申請制，針對社會保障進行宣導。雖然已經有這麼多下流老人了，但到現在政府還是極少針對「可以到哪裡諮詢，或是使用制度會有什麼改變」進行宣導。我希望政府不但要好好宣傳政策的效用，更要廣泛報導社會保障制度的訊息。不僅要利用電視廣告、報紙廣告或網路廣告，積極宣傳救濟國民的相關資料，而且，我們也應該可以要求政府提出更多相關政策。

〈醫療問題〉趁早為疾病和照護做準備

除了社會福利之外，我們也必須針對醫療制度有更進一步的了解。之前已經說明，有很多下流老人因為經濟窮困，無法接受醫療，在病情惡化之後，才被送到醫院。也有些狀況是，在金錢相當有限的狀況下，相較於醫療費，寧願優先使用在生活費上。

但是，制定法律時必須先為無法支付醫療費的人設想。所謂的「免費低額診療設施」[3]，就是社會福祉法為了不要再有人無法就醫而建立的制度。

「免費低額診療設施」是基於社會福祉法第二條第三項之九「為生計困難者免費或以較低的費用進行診療的事業」，所打造的單位。即使是沒有錢，或是沒有健康保險卡的人，都能免費或以較低的費用接受診治。

認為上醫院就要花錢的人要先改變觀念。希望他們可以去尋找各都道府縣的免費低額診療設施，和那些醫院的醫療諮詢室社工商量，早期接受治療。這樣不僅對自己有好處，也可以減輕醫療機構和國家的負擔。不只是下流老人，外國人士、街友或生活窮困者，各式各樣的人都可以利用，希望各位盡量運用。

註3：參見179頁，註2。

此外，身心健全的時候，可以運用「自願監護制度」，事先選好可以託付老後生活的人，如此也能預防沒錢就醫的狀況發生[4]。自願監護制度指的是，依據當事者的期望，選擇親戚、律師、代書、社會福利工作者等，在公證機關製作公證證書，辦理手續。當被任用的自願監護者認為必須一邊觀察當事者的狀態，一邊進行監護時，就可以行使權限，對當事者的整體生活進行保護、給予支援。除了被診斷為失智症的狀況之外，覺得身體變差時，最好也可以事先準備。

社會已經準備了幾個「防貧」、「濟貧」制度。一個或兩個都可以，希望大家可以趁早開始準備利用這些守護老後生活的制度[5]。

〈心態問題〉首先要捨棄自尊

接下來，最重要的是要捨棄個人自尊，擺脫眼睛看不到的約束。認為不受別人照顧是一種美德的人，請改變心態。

一般來說，社會福利並不主張自立就是「在經濟上可以獨立」，它指的不是這種片面的、在小範圍中的自立。

原本每一個人都必須依賴某種東西，才能維持生活。大家會針對「可依賴的東西在哪裡」不斷進行討論，其內容因人而異。

比方說，不會做菜的丈夫依賴妻子，公司的社長依賴社員，只要扭開水龍頭，就必須依賴地方政府和自來水局的人。政治家或行政職員依賴國民。不依賴就不可能自立，如果不依賴別人，社會生活就無法成立。

註4：台灣目前正研擬制訂「意定監護制度」，讓老人可自己預先決定未來失能後，誰來當他的監護人，不限定要有血緣關係的人。

註5：台灣的全民健保可預防因疾病導致生活陷入困境；勞保、國民年金的目的在預防因退休所得不足生活陷入困境；老人福利制度則是預防因失能與身心障礙等因素讓生活陷入困境。《社會救助法》則主要用於扶貧，只要全家經濟狀況符合貧窮線以下水準，可透過津貼給付等維持最低生活水準。但面對快速高齡化社會，減輕社會長照負擔，預防老後貧窮的長期照顧保險仍付之闕如。

所以，「不能自立是很可恥的」這種想法就某種意義來說是很傲慢的，這樣的心態會讓問題複雜化。不論你我，沒有人是可以完全自立的，所有人都應該知道自己必須依賴環境才能生存。

【預防篇】

〈金錢問題〉應該存多少錢？

從現在開始，將介紹不讓老後貧窮的事前措施。

首先必須思考的是存款。直截了當地說，一旦發生什麼緊急狀況，最有用的就是自己的資產。希望大家可以早一點進行家庭經濟管理，在可能的範圍內盡量存錢。

根據日本內閣府的「平成二十六年版高齡社會白皮書」（二〇一四年），針對「為家庭的高齡期做準備所需要的存款金額」這個問題，認為需要一千萬到三千萬日圓的人最多，認為是「約兩千萬日圓」的人占十九．七％，認為「約一千萬日圓」的人占十九．五％，認為「約三千萬日圓」的人約占十九．一％[6]。

老後生活需要多少資產因人而異，在此討論也不是很恰當，想知道的人請參閱其他專家的著作。討論時，希望大家要考慮到，相異於過去，我們的高齡期非常長，很可能因為疾病或意外，臨時需要一大筆錢。

關於資產累積和資產運用，除了個人年金和民間保險，市面上還有股票、債券、投資信託等各式各樣的商品。運用時，請大家一邊比較大量資訊，一邊選擇適合自己的方式。也可以和民間的保險公司或銀行的理財顧問商量之後，事先模擬老後的收入和支出。

註6：根據行政院主計處二〇一四年統計，台灣民眾退休年齡為五十七．四歲，平均壽命八十歲，大約有二十三年的時間要靠退休金生活。台灣退休基金協會認為退休準備金額應超過一千萬元，而按行政院主計處二〇一四年統計，六十五歲以上每戶每月消費支出三．八三萬元、近三十年平均通膨率一．七％計算，若於六十一歲退休，退休金得超過一千零八十四萬元。

〈心理問題〉積極參與地區社會活動

此外，擴大「個人社群」也是防止貧窮化的方法。所謂個人社群，指的是由個人打造，藉以相互扶持的社群。在高齡期，如果可以在陷入孤立之前盡量和多一點人建立互相幫助的關係，就算生活陷入窮困，也不會那麼痛苦。

想維持生活，並讓生活更加豐富，不能只靠金錢等物質。比方說，光是頻繁和家人或親戚聯絡，也可以讓社群擴大，發生意外時便可以得到幫助，就算沒有經濟上的援助，也可以得到精神上的支持，或是請對方擔任住院或使用制度時的聯絡人，保持必要時可以依賴的關係。

再者，和地方上的人交流也非常重要。很早以前便有人提出地區連結的鬆散和自治會[7]組織的脆弱，但是，愈是接近高齡期，和鄰居的關係對生活的影響就愈大。大家身邊有多少可以隨意商量的朋友、夥伴，或是一起喝茶的朋友呢？

如果很難和鄰居建立關係，參加地區自治會舉辦的沙龍或老人俱樂部也是一種方法。

或許有人會覺得參加這些活動很丟臉，或是很麻煩。的確，和他人往來會伴隨著某種麻煩，不過這正是彼此互相涉入對方生活或行動的證據。這樣的干涉也會是發生意外時被發現或協助的契機。

即使同樣為窮困所苦，有人過得很幸福，也有人過得很悲慘。箇中差異是怎麼造成的呢？

我在進行諮詢協助時經常發現，「人際關係的貧富差距」會決定幸福的程度。就算生活很窮困，但和朋友各自帶著料理，在社區中心聊天，或是在銀髮俱樂部跳舞，生活中便經常會出現快樂的時刻。這樣的高齡者比較可以順利找到援助，不會為窮困所苦，就算陷入貧窮，生命受到威脅的可能性也比較低。

註7：日本的自治會又稱町內會，是地域居民的自治組織，處理社區自治事宜，如神社祭典、公共區域管理清掃，親善交流等。台灣最類似日本自治會的，應是如社區發展協會及大樓管理委員會之類的組織。

此外，在可能的範圍內工作，也可以預防人際關係的貧窮。無論如何，高齡期不應該勉強工作，以致造成身體上的傷害。應該將重點放在結識職場夥伴或交流，快樂地工作。

除了支撐生活，如果可以用心打造良好的人際關係，退休後工作的意義也會有所轉變。

〈住居問題〉應該參加地區的ＮＰＯ活動

此外，參加地區ＮＰＯ（非營利組織）活動或市民活動，對強化人際關係的安全網絡也非常有效。許多地區都會舉行環境、運動、政治、宗教、文化、藝術、福利、義工活動等，各式各樣的市民活動。希望大家可以參加這種地區活動，盡可能把自己當作地區社會的一分子，和大家一起生活。

事實上，有很多人是在生活陷入窮困之後，才「突然」來找我諮詢，大家從日本各地，因為各種原因來接受生活諮詢，但是在他們住的地方，也有NPO活動或市民活動。最好可以事先參加這樣的活動，在那裡打造出可以和別人商量各種問題的人際關係。

與其變貧窮之後才接受諮詢，如果可以在變貧窮之前就參與身邊的市民活動或NPO活動，就可能透過夥伴或關係得到援助。這麼一來，就不用採取漫無目的地前往NPO或市民團體，尋求生活支援的諮詢這種困難的行動。

能參加活動的時候，就參加義工或市民活動，等到無法參加之後，就互相幫助，若能夠打造出這樣的關係，就可以安心了。

〈緊急時刻的問題〉事先培養「受援力」

預防篇最後，是「受援力」的培養。

受援力是在災害領域經常聽到的概念。比方說，發生災害時，義工會從各地前往受災地支援。為了讓義工，也就是提供支援的人的想法、知識和技術可以發揮效果，受災地或受災者就必須善用義工。

所謂受援力指的就是，「接受支援的一方妥善運用支援者的力量，能夠藉以重新打造原有生活的能力」。

這一點也可連結到前述的拋棄自尊的提案。事實上，在地區上，雖然想提供援助的人意外地多，但是能否善用這些人的能力來改善自己的生活，與接受者的心態有關。

做了十年以上的生活諮詢後，我發現進行援助時，有「容易進行」與「難以進行」的分別。容易接受支援者的特徵是，樂於交談、正面思考、願意自己積極地解決問題、了解自己的問題，對援助的方法和制度有某種程度的認識。他們抱著輕鬆的心情來接受輔導，我們也可以在問題複雜化之前給予建議。

難以施予援助的人，通常緊閉內心、自暴自棄，因為負面思考，所以對解決問題也抱持消極的態度。此外，有時也會無法掌握問題而胡亂行動。這樣一來，最大的問題就是無法與支援者建立信賴關係，援助也無法順利進行，這是受援力較弱者的特徵。

當陷入窮困、精神上受到打擊時，一般來說，通常也會失去正常的情感。但是，是否能夠充分運用專家或支援者的知識，借其力量，會影響當事人是否可以「積極地從窮困中重新振作」。支援者可以立即展開援助，或者必須先從建立信賴關係開始，也會影響解決問題時所需要的時間和方法。

必須先做好心理建設，一旦發生問題，便可以即早接受諮詢，快速接受援助。

幸福下流老人的共通點

在前面的章節，列舉了幾個應對下流化的對策和預防策略。如果可以根據這些原則來進行準備，就不會感到驚慌失措。

事實上，我認識的窮困高齡者中，也有人是非常幸福的。他們和不幸的人之間的差別，很顯然地就是「人際關係」。現在，關於不淪落為下流老人的具體對策中，我們只學到了儲蓄和制度的相關知識。但事實上，就算有存款，還是可能淪落為下流老人。這一點在第二章和第三章中便已經說明。人生就是如此，無法盡如人意。

所以，為了度過精彩的老後生活，除了金錢之外，建立良好人際關係，也非常重要。

二十到五十五歲左右的人，生活上以工作為中心，以經濟為優先。可能有很多人都無法顧及家人或朋友關係，只是一味埋頭工作。

正因為如此，從即將步入退休生活的五十五歲開始，要重視配偶、子女、家人和朋友等周圍的人際關係。簡單來說，就是改變價值觀，將生活重心從經濟，轉變為人際之間的連結。這麼做很快就能建立起拯救自己的安全網絡。而且，也可以擁有共享樂趣和生活意義，讓自己得到鼓舞的夥伴。

漫長人生有許多苦難。想超越苦難，一個人不如兩個人，兩個人不如三個人，如果有人可以了解自己的痛苦，應該就可以堅強面對下流老人的問題。

我在這本書中，不斷強調克服「人際關係的貧窮」的重要性。若能消除關係的貧窮，就會有人和自己說話、對自己伸出援手，讓日常生活變得更加充實。

就我所知，有一名七十二歲的貧窮男性，在居酒屋認識一名小企業的社長，後來，兩人感情變得很好，成為一起喝酒的好朋友，生活變得非常開心。另外，還有一名六十八歲的男性剛剛開始和女性交往。他在家庭餐廳和獨自用餐的五十多歲女性攀談，他們兩個人都很寂寞，希望有說話的對象，所以總是一起在家庭餐廳喝茶、聊天，每天都過得很愉快。

看到幾個這樣的例子，我發現每個人對「幸福」的定義都不一樣。雖然最基本的生活保障是必要的，不過，是否能夠維持有文化的生活，端視退休後的人際關係。

你應該有退休之後還想互相來往的人，或者會待在你身邊的人吧。想認識這樣的人現在開始還不遲，如果身邊有這樣的人，就可以共享絕望和寂寞。而這樣的「共享」也一定會對人生的幸福和滿意度帶來極大影響。

第七章

如何預防總計一億人的老後崩壞

最後，我就針對我對下流老人的建議做個總結。

如果下流老人的問題是人類所建立社會體系的不完備造成的，那麼，能夠改革這個社會體系的也是人類。我想在闡述往後理想社會願景的同時，也試著陳述我們的社會應該如何重新改造，

如果以下的建言能夠引起討論，對往後社會保障或社會體系的發展有所助益，我將感到無比的喜悅。

下流老人是國家或社會造成的

首先要談的是政治可以做的事。我想試著思考，為了預防「總計一億人的老後崩壞」，需要怎麼樣的政策。我們的政策雖然可以某種程度地抑制下流化，但是，總計一億人老後崩壞時代的腳步似乎已經相當接近，提出對策是「刻不容緩」的事。

首先，不是要讓貧窮看不見，而是要去正視。必須以窮困已經來到我們身邊當作

前提來思考制度。第一步要做的就是改變心態，把下流老人的問題當作「自己的事」來思考。

一如我之前不斷強調的，製造出下流老人的是國家、是社會體系，不只是下流老人或其家人的問題。因此，實施對策的主體也應該是國家或政府。最重要的是，承認日本有貧窮問題，並且正式提出縮短貧富差距的方法和貧窮對策。

無法認真面對貧窮問題的國家沒有未來。我們必須正視貧窮造成的悲慘現狀，根據當事人的意見，重新建立社會福利或社會保障制度。

什麼是解決日本貧窮問題的對策？

讓下流老人的問題更形惡化原因之一，就是年輕人和孩童的貧窮。隨著窮忙族和非正式雇用的增加，工作世代的貧窮也明顯增加了。根據OECD（經濟合作暨發展組織）發表的「對日審查報告書」（二〇一二年版），日本的相對貧窮率達到十六．

一%（二〇一二年），不斷刷新過去的最高紀錄。這個數字在三十四個OECD加盟國中為第六高，而且，兒童的貧窮率也高達十六．三%（二〇一二年）。

有許多專家也都指出這一點，年輕人的貧窮和孩童的貧窮會讓未來世代的貧富差距就此固定下來，極有可能不斷製造出因為家庭經濟條件而無法接受充分教育，只能一輩子做低所得工作的人。

而且這也會成為低年金、無年金，以及無保險問題的主要原因，而製造出未來的下流老人。簡單來說，如果不能抑制相對貧窮率上升，社會可能就無法維持。必須設定快速降低貧窮率的數值目標，並針對這個目標實施具體政策。

具體而言，必須推動制定「貧窮對策基本法」，並將國民的防貧和救貧政策視為國家戰略，討論如何強化。針對課稅對象，要將資產和所得的總和包含在內進行討論，從能課到稅金的階層進行徵收，提高所得重新分配的功能，讓社會保障變得更加完整。有下流老人，同時也有許多富裕老人，兩者必須藉由財富的重新分配互相支持。

但是，如果為了讓社會保障變得完整而提高財富再分配的功能，資本家或高所得者就會逃到海外，或者工作欲望變低，使得課稅效果無法提升。關於這一點，包括高所得者藉以逃稅的「避稅天堂」的對策在內，都必須以全球化的觀點來進行討論。

讓制度簡明易懂，容易接受

一旦成為下流老人，就必須利用以生活保護制度為主的社會保障，但是，一如之前提到的，很多人對接受生活保護會覺得羞恥。因為認為接受生活保護是一種恥辱，所以雖然有制度，還是有很多人不願意利用（或無法利用）。

但是，大家在接受年金時卻不會有任何猶豫，認為這是非常理所當然的權利。近幾年，介護保險[1]慢慢變得普遍，利用幫手或看護服務的高齡者也很多。

註1：日本的介護保險法於一九九七年完成立法，二〇〇〇年開始正式實施，近年來使用此介護保險社會福利的狀況已愈來愈普遍。

可以毫不抗拒地利用介護保險制度的原因之一，是來自已經支付了介護保險費的「權利意識」。因為過去支付了保險費，所以認為使用是理所當然的事（或者不用就損失了）。但是，不管是年金還是介護保險，除了保險費之外，還投入了一定金額的稅金。如果只是一味地批評接受生活保護的人，就要有面對年金大幅減少和介護保險服務品質低落的心理準備。

另一方面，生活保護費是不依賴保險費的「非納費型」社會保障，財源百分之百都來自稅金，所以民眾的反彈會很激烈。但是，兒童津貼和兒童扶養津貼也是不用支付保險費就會給付的，接受這些津貼的育有小孩的家庭，卻沒有像接受生活保護者那樣的羞恥感。為什麼大家只對接受生活保護者這麼嚴苛？從這裡可以窺見大眾對於窮困的偏見和歧視。

要解決這樣的狀況，最好的方法就是讓生活保護變得容易接受，並且要以容易理解的方式來進行宣導。必須讓民眾知道，針對下流老人，政府或地方政府可以透過生活保護給予救濟，讓他們到窗口來申請。

下流老人很重視「政府」，一旦被「政府」召喚，去申請生活保護的人就會增加，很多人都可以得救。

從二〇一六年開始，日本為了統一掌握所有國民所得和稅金的繳付狀況，將正式實施「我的號碼（My Number）制度」[2]。透過這個制度，政府或地方政府可以更有效地掌握生活窮困者和下流老人的存在。除了提高納稅和保險費徵收作業的效率，希望也可以活用在連最低生活費都沒有的高齡者的生活保護相關宣傳和資訊告知。

要將生活保護用保險的方式徵收嗎!?

這個議題有點挑戰性，但我想差不多應該來討論一下「徵收生活保護保險」了。不喜歡麻煩家人以外的人的日本人，之所以會利用介護保險制度，其中一個重要原因

註2：日本過去沒有身分證制度，二〇一三年時通過「社會保障與納稅人識別號碼制度」法案，透過個人編號，政府可以詳細掌握國民的所得狀況，防止逃漏稅，並簡化申辦駕照、住民票、健康保險、基本退休金等行政手續，並掌握需要幫助的民眾。

就是他們付了保險費。這樣的話，如果將生活保護也以保險的方式徵收，和年金及介護保險一樣，應該會比較容易產生「因為付了保險費，所以接受服務也理所當然」這樣的想法。

只要所有國民每個月繳納一百日圓（原則上），就可以當作生活保護的財源。重要的是，透過支付保險費這個行為，便可以從「施捨意識」轉變為「權利意識」，更輕鬆地接受給付。

原本，生活保護等救貧制度屬於非納費型給付是一個大原則，是社會保障的準則。但是，當面臨過去根深柢固的歧視時，如果只是一般性的改善，並無法讓制度徹底發生功能。透過徵收生活保護的財源並保險費化，是否可以推展制度使用，這一點還有待討論。

如果對生活保護依舊抱持著偏見和歧視，也沒有對團塊世代和下一個世代的高齡者提出新的政策，在不久的將來，孤獨死和餓死的狀況將更為嚴重。當團塊世代成為後期高齡者時（七十五歲以上），如果生活保護制度無法比過去更確實地發揮功能，許多高齡者和下流老人的生活就會徹底崩解，並失去性命。

現在，在觀察「將生活保護制度極少的部分以保險的方式徵收」這個政策是否是一個良策的同時，也必須討論為了讓大眾更容易受到生活保護，還需要做些什麼。

維持部分生活的生活保護

本書也再三提到，在進行過許多生活諮詢後，我在想是否能夠讓生活保護制度變得比現在更容易使用。

事實上，生活保護制度是將下列八種補助成套提供的救貧制度：①生活補助、②住宅補助、③醫療補助、④教育補助、⑤照護補助、⑥喪葬補助、⑦職業補助、⑧生產補助。原則上，這並不是一個只希望補貼房租或醫療費的制度。

關於實際的給付方法，一如在第六章中的說明，有的個案是每個月自己賺九萬日圓，再領取不夠的四萬日圓。問題是生活保護是「救貧措施」，欠缺「防貧」的觀點。也就是說，現在的部分生活費有一部分是以存款來補貼，就算知道數年之後「一定」會失去資產，也會因為「現在還有資產」這個理由，而無法接受生活保護。所以，最終就會一直忍耐到失去所有資產，變得一貧如洗之後，才出現在生活保護的申請窗口。

包括下流老人在內的許多受諮詢者表示，生活保護中，就算只有一部分是以其他項目來補助，生活也會改善很多，即使不利用生活保護，也可以生活。

比方說，可以領取約六萬日圓的國民年金，如果不用花房租和醫療費，情況會是如何呢？或者，如果不用花水電瓦斯費和餐飲費，又會是如何呢？如果不用花行動電話費、上網費或交通費，又會是如何呢？一如上述，就算只有部分接受補助，應該就可以避免失去所有資產的風險。

我認為，提升薪資和年金等收入雖然也很重要，但光是這麼做幫助有限。必須打造出就算把支出降到最低也一樣可以生活的模式。而且，不光是增加收入的政策，實施減少支出的政策感覺應該比較實際。

而其中一種方式就是分解生活保護制度，讓它「社會補貼化」，讓保護費更容易領取。其中，我希望可以讓生活保護費的住宅補助變得更容易申請，一如國家公務員的宿舍或大企業提供的員工宿舍，顯然是為了補助生計，如果房租的全部或部分可以由公家負擔，生活應該可以變得更加安定。相較於其他先進國家，日本的房租負擔是出了名的重。

消弭住居窮困

事實上，對下流老人來說，住宅費的負擔比想像中來得大。有人在付完房屋貸款之後，沒有進行修補，就住在破破爛爛的房子裡。而且，因為房租很高，也有人幾乎所有的年金都用來付住宅費了。

根據總務省統計局的「平成二十五年度住宅・土地統計調查結果概要」（二〇一三年），高齡單身世代約有三十三・九％住宅是租賃的[3]。因為房租是固定支出，當年紀愈大，負擔也會顯得愈重。

在法國便實施了透過「房租補助制度」，幫助所有住在民間租賃住宅的低所得者減輕房租負擔的政策。但在日本，公營住宅等社會住宅非常少，可以住得便宜又安心的住宅基礎建設並不是相當完善。

日本的住宅政策，不像是為了過著社會生活所需要的最基本社會權，而是毫無計畫，或者根據大型建設公司或不動產業者，亦即所謂的建築承包商的想法或需求來開發。而這也是因為過去便是藉著讓許多人背負房屋貸款，將住宅當作消費對象來提高經濟成長。

因此，我們多半將住宅視為消費財，相較於建造民間租賃住宅，更重視「如何讓房子可以輕鬆購買」的方法，只是一味制定購買自有住宅的優惠政策（住宅貸款可以減稅等），並沒有針對低所得者租借民間租賃住宅進行援助，或是採取減輕其負擔的措施。

面對下流老人不斷增加的社會，該是要改變住宅政策的時候了。具體來說，就算金額不高也沒關係，日本應該採取房租補助制度。研究住宅政策的神戶大學平山洋介先生也強調這個制度的必要性：「對居住在民間租賃房屋者的房租補助，是消弭住宅保障不公的有效方法。因為政府的援助可以同時提供給可以／無法入住公營住宅這兩種家庭。」（平山洋介《住宅政策哪裡有問題？》光文社，二〇〇九年）。

歐洲各國已經成功轉換成引進針對民間租賃房屋的房租補貼制度等住宅政策，藉以作為少子化或人口減少的對策。在無法期待大幅經濟成長的成熟社會，雇用流動和不安定日趨嚴重，年輕人無法貸款購買高價住宅。因此，透過房租補助，就可以打造一個讓年輕人能輕鬆維持家庭開銷的環境。實際上，在法國，這樣的方法是很有效的少子化對策，總生育率（TFR）也出現大幅的成長。

但在日本，針對難以支付房屋貸款的年輕人、單身者或非正式雇用者，現在依然

註3：根據台灣二〇〇九年老人狀況調查報告，台灣六十五歲以上國民保存房子土地或其他不動產比例為五一．九七％。

採取購屋優惠政策。或者可以說，對居住在民間租賃住宅的人完全沒有任何援助政策。歐洲各國於一九七〇年代改變住宅政策，但日本在四十年後的今天依然尚未跨出一步。

透過房租補助制度，不但可以補足較低的年金支付水準，應該也可以讓更多人不致淪落為下流老人或街友。今後，應該要提出讓所有低所得者都不會失去居所的全新住宅政策。

讓未來再也沒有下流老人——介入年輕人的窮困

年輕人都是未來的高齡者。因此，這本書乃連結兩者所面對的問題來進行論述。

誠如眾人所知，年輕人的雇用情況與生活環境急速惡化。窮忙族和非正式雇用不斷蔓延，完全沒有減少的跡象。無法加入厚生年金、國民年金的未繳納率也高達四成，沒有加入年金保險的年輕人也不在少數。

全年繳納年金的制度，因為雇用愈來愈不安定而逐漸畫上句點。如果不打造可以取代的社會保障，年輕人的老後就會像「限時炸彈」一樣，讓社會付出成本。如果這樣的情況只發生在一個或兩個人身上，或許可以把它當作特例，要求當事人自己負責，但以全國來說，這樣的狀況已經變得非常普遍。因為黑心企業不斷增加，可以正常工作的公司愈來愈少，老後的不安定可說是必然的。

所以，不管在工作時期的收入是多少，都需要有可以保障最低限度老後生活資金的系統。如果現在不開始進行，當現在的年輕人退休後，就必須付出相當大的代價。雖然最低保障年金的議題現在還在持續討論中，但我希望以稅金來保障老後生活的議題可以引起更廣泛的討論。

之前已經說明，雖然國民年金的保險費要支付四十年，但一個月的給付額，以現在的水準來說還不到六萬六千日圓，顯然比生活保護費的生活補助還要低，或者一樣。而且這個水準今後很可能還會降低，現在的制度設計已經無法應付超高齡社會了[4]。

如此一來，廢止國民年金制度，將生活保護制度的生活補助一元化這樣的觀點應該也可能成為今後的議題。

現在，所領取的國民年金還不到最低生活費的高齡者，是靠著「年金＋生活保護費」在生活。這樣的話，就算認真繳納國民年金的保險費，也感受不到相應的好處。

所以，和現在領取低年金的高齡者一樣，如果是靠著生活保護制度來補足生活費，就會希望國民年金保險費不要被薪水很低、生活窮困的年輕人奪走。

照這樣下去，就無法期待從將來可能必須靠著生活保護費來救濟的年輕人身上，拿到「支付的保險費」。特別是非正式雇用或處於工作貧窮狀態的年輕人，必須早一點告訴他們「已經不用支付年金保險費了」。

當然，有辦法支付的話，還是支付比較好。但是，還是會希望那筆年金保險費可以用在償還自己的助學貸款，或使用在現在的生活費、結婚資金和育兒津貼上，可以過著一般的生活吧。

政府還有提供國民年金減免制度。如果無法支付保險費，透過申請減免，在身體有殘疾時，可以得到殘障年金（一級一個月約八萬日圓、二級一個月約六萬日圓）的領取權[5]。此外，減免期間還是可以算入投保年金期間。因此，在現階段不要只是停止支付，而是要活用減免申請。

但是，因為這個訊息尚未廣為人知，所以有很多年輕人都很辛苦地在支付國民年金保險費。縮衣節食地來支付保險費，（帶著一半的盲目相信）這無疑會降低國民對年金制度的信賴，也會造成對老後生活的極大不安。因此，如果要從這樣的年輕人身上榨取國民年金保險費，至少應該要打造出保證老後生活可以得到基本保障的年金制度吧。

註4：參見29頁，註4。

註5：台灣依國民年金法，低收入戶及身心障礙者也享有國民年金保費減免，可向戶籍所在地區公所申請認定及審查。給付項目也包括老年年金給付、生育給付、身心障礙年金給付、喪葬給付，遺屬年金給付。

下流老人的問題還有希望——對貧窮、貧富不均和不平等的修正

讀到這裡，我想大部分讀者都會發現，現在的年輕人很多都已經變得貧窮了。很遺憾地，這樣的現狀無可避免。沒有人想到非正式雇用會變得這麼多，結婚率也下降，也有愈來愈多人不想生育可以在老後協助我們的子女。此外，也沒有人預測到會失去這麼多家人的支援，完全就是國家級的「意外」。

因為年輕人對老後生活感到不安，所以他們很明顯地控制消費，以儲蓄為優先。透過不過分依賴收入，盡量減少支出的方法，重新規畫生活。

大家都知道，年輕人的這些行動已經開始對實體經濟帶來巨大影響。大量生產、大量消費的時代已經結束。社會已臻成熟，我們必須思考如何分配、利用過去獲得的資產和資源，也要思考少數的雇用機會和收入來源又要如何分享、再分配。而這正是從去年（二〇一四年）開始的貧富差距議題中「皮凱提風潮」[6]所主張的。

這個社會本來就會有富者和窮人，但是如果情況太不平均，出現無法接受的差

距，就應該修正這樣的不平等。決定從哪裡徵收稅金、又要分配到哪裡去的是政治，但促使政治做出決定的，是身為主權者的我們這些國民。我們雖然有權決定要打造出什麼樣的社會，但現在的社會是大多數人想要的結果嗎？

要將下流老人與數量龐大的未來下流老人棄之不顧？還是要要求政府提出對策？此刻，我們正站在命運的交叉點。現在的社會保障和社會福利是前人排除萬難，以無比的毅力達成共識，並在不斷討論的過程中一點一滴獲得的權利，而眼前正是需要重新建構這份權利的時刻。現在這種無法保障生存權、無法過著健康且有文化的最低限度生活的人不斷增加的社會狀況，不容忽視。我希望能夠有更多人注意到這個問題，並且採取行動。

註6：托瑪．皮凱提（Thomas Piketty），巴黎經濟學院（PSE）、法國社會科學高等學院（EHESS）教授。二〇一四年出版的暢銷著作《二十一世紀資本論》認為，資本累積財富的速度會較以工作增加收入的速度快，因此富者愈富，各國政府應積極改革稅制，減低財富過度集中的趨勢。他的論點引起全球極大的討論熱潮。

人類生活的社會體系是由我們打造的

過去的例子證明，透過我們鍥而不捨地大聲疾呼，是有可能改變「生活上的困難」的。

比方說，過去殘障者對於只由專家來決定與自己有關的援助和法律這件事，強烈傳達出「決定我們的事情時，請不要把我們排除在外」的訊息，進而一步一步爭取到一般的生活。對近年削減社會保障經費的趨勢，也是不畏批評地提出主張。

此外，女性在一九六〇年以後，也提出「個人的事就是政治的事」的口號，面對家事勞動、育兒工作、父權制度，以及男性的控制，爭取到社會參與的機會與和多樣化的生活方式。二次大戰之前，女性甚至連選舉權都沒有，若從這個角度看來，現在女性的活躍情形可說是慢慢克服過去壓抑的結果。

之前已經介紹過接受生活保護的朝日茂先生所提起的朝日訴訟。他所說的：「權利掌握在戰鬥者的手上。」對社會造成被稱為「人類審判」的巨大衝擊，這句話現在依舊鼓勵了許多接受生活保護的人。

非正職者也沒有保持沉默。從發生雷曼金融風暴後的二〇〇八年底開始，便在日比谷公園設立了「跨年派遣村」。因為名為「解聘派遣」的裁員，大量的不安定勞工都成了街友，他們要求政府提出改善政策。藉由這個活動，輿論沸騰，讓年輕階層或勞動年齡階層的貧窮問題浮上檯面。

此外，黑心企業、黑心兼差等，也是大家正在積極奮戰的問題。

畢生竭盡全力廢除種族歧視的馬丁・路德・金恩牧師留下了一句名言：「I Have a Dream.」雖然他最後被暗殺了，但是他拚命追求的沒有種族歧視、所有國民攜手生活的社會構想，現在依然面對現實，勇敢地向前邁進。當初，同種族的民眾和夥伴也提出反對意見，認為這種事是不可能的，但在他出色的領導下，得到許多人的理解。

在歷史上，不管是哪一個地區都不斷有人要求改善「居住困難」的問題。這些社會運動被稱為「Social Action」，要求政府進行社會改造。從以前開始，其必要性就在學理中被指出，並且被實踐。所有的共通點只有一個，那就是「打造出居住困難社會的，是壓抑他們的社會體系」。

不管是什麼樣的社會弱勢者，都不只是他們個人的問題，其中一定有製造出偏頗社會結構的漏洞，前人就是在了解這一點之後，才進行改善行動。一想到「居住困難」，和自己有同樣遭遇的人應該也會這麼想。於是，一邊以這個共識進行串聯，一邊以打造出對所有人來說都容易居住的社會為目標，持續行動。

下流老人的問題也一樣，是否發出聲音，全看當事人和社會大眾的決定。大量的高齡者以微弱的音量請求援助，往後下流老人應該會繼續增加吧。

在這樣的基礎上，我們應該做什麼樣的選擇、提出什麼樣的訴求，才能打造出真正容易居住的社會？我希望大家可以一起思考、想像，並且採取行動。

結語

在日本，不只高齡者，貧窮的問題也不斷擴大，下流老人的問題不過是其中一部分。不管是孩童的貧窮、年輕人的貧窮、女性的貧窮，或單親媽媽的貧窮，都已經都到達不容忽視的地步。

即使如此，貧窮還是被視為個人問題，沒有被解決，也很難被大家當作社會問題來討論。很多人都將這些人一律視為因為「努力不足」、「沒有做好計畫」等原因而導致貧窮。而且，還說會變成這樣是當事人的責任，是他們自作自受，事實上，在系統上也沒有建立出能夠施以完整救濟的制度。

我在本書中一再強調「下流老人是社會造成的」。會淪落為下流老人，不只是高齡者本人或其家人的錯。為窮困所苦的當事者或我們，現在應該要擺脫這種自虐的貧窮觀，尋找社會性的解決策略。雖然這條道路困難重重，我相信只要多數人一起進行討論、打造計畫，就有改善的可能。

每個人都會老，因此，應該從現在開始思考，屆時社會會用怎麼樣的眼神看待老人，年老的人又該以什麼樣的想法或態度度過餘生，就算對年輕世代而言，這也是一種未來人生模式的檢驗。很遺憾地，看到現在下流老人的狀況，以及大家的忽視，我就覺得老後沒什麼希望。

我認為必須讓更多人對老後懷抱希望。

因此，我們能做的就是提出問題，讓大家為了解決高齡者的貧窮而進行討論。本書陳述的只是部分下流老人和高齡者的問題。接下來，我期待可以看到大家從各種不同的觀點，針對改善貧窮展開活動。

最後，從本書的企畫開始到細部修正，每一個步驟均承蒙朝日新聞出版書籍編輯部的高橋和記先生和自由編輯澤田憲先生的細心協助，如果沒有包含上述兩位的三人同心協力，本書應該就無法出版。很高興能與兩位相識，在此請容我由衷向兩位的無私奉獻表達謝意。

本書也有賴早稻田大學研究生小坂陽協助資料蒐集和統計資料的分析，他的協助給我莫大的幫助。此外，如果沒有我所屬的NPO法人hot plus的夥伴和家人提供的無私支持和事務作業上的協助，這本書應該無法完成。要感謝的人很多，我一定不會忘記因為有了許多人的協助，此書才得以完成。

我希望本書可以成為改善日本貧窮問題的開端，讓政策或制度能有所轉變。若這本書能夠成為深陷窮困生活者的希望，我將感到欣喜萬分。

下流老人——即使月薪五萬，我們仍將又老又窮又孤獨（暢銷紀念版）
下流老人——一億総老後崩壊の衝擊
作　　者——— 藤田孝典
譯　　者——— 吳怡文
審　　訂——— 陳穎叡
封面設計——— 陳俊言
責任編輯——— 張海靜、劉素芬
行銷企劃——— 王綬晨、邱紹溢、曾志傑、劉文雅
副總編輯——— 張海靜
總 編 輯——— 王思迅
發 行 人——— 蘇拾平
出　　版——— 如果出版
發　　行——— 大雁出版基地
地　　址——— 台北市松山區復興北路333號11樓之4
電　　話———（02）2718-2001
傳　　真———（02）2718-1258
讀者傳真服務—（02）2718-1258
讀者服務信箱— E-mail andbooks@andbooks.com.tw
劃撥帳號 19983379
戶　　名 大雁文化事業股份有限公司
出版日期 2023 年 5 月 二版
定價 360 元
ISBN 978-626-704-591-6

歡迎光臨大雁出版基地官網
www.andbooks.com.tw
訂閱電子報並填寫回函卡

國家圖書館出版品預行編目資料

下流老人：即使月薪五萬,我們仍將又老又窮又孤獨 / 藤田孝典著；吳怡文譯. -- 再版. -- 臺北市：如果出版：大雁出版基地發行, 2023.05
面；　公分
譯自：下流老人：一億総老後崩壊の衝
ISBN 978-626-7045-91-6（平裝）

1.CST：老人 2.CST：貧窮 3.CST：日本

544.8931　　112003718